神戸大空襲

［復刻版］

神戸空襲を記録する会・編

＊本書は、昭和四十七年（一九七二年）発行
『神戸大空襲』（のじぎく文庫）の復刻版です。

まえがき

宮崎　辰雄（神戸市長）

私は今も、私の愛する町が、炎の海となり、ガレキの山と化した日を忘れない。昭和二十年三月十七日、六月五日―わずか数時間で、神戸の市街地の六割が焦土と化した日。私自身も、猛空襲の真っただ中に居合わせた。

三月十七日。私は「防衛宿直」だった。ガランとした本庁舎（現在の交通裁判所）で、数人の同僚、部下と、もう耳なれた空襲警報を聞いた。地鳴りのような爆音。「いつもと違う」―同僚がつぶやいた予感通り、それからの数時間は想像を絶する〝地獄絵図〟となった。照明弾、地上の物すべてを焼き尽くすかのような炎で、真昼と見まごう明るさ。焼夷弾が空を切る不気味な音。市中から連絡が途絶えた防衛本部で、もろくも崩れ去る町並みを目前にしながら、なすすべもなく立ち尽くすしかなかった。

そのころ三歳の長女と二歳の長男は義母に手を引かれ、平野の家を焼け出されて猛火の中を逃げまどっていたのだが、知るべくもない。有馬の産院へはいっていた妻の無事はすぐ確認できた。だが長女らの安否が知れたのは、二日のちだったろうか。死者をとむらい、負傷者の救護所を開く仕事が一段落した合い間をぬって、避難先の神戸二中（今の県立兵庫高）をたずねた。長女らは教室に敷いたゴザの上で、無心に握り飯をほお張っていた。

六月五日。家族を避難させ、一人住まいの平野の借家で空襲警報を聞いた。役所へ向かって飛び出したものの、すでに周囲は火の海。爆音が近づくと手近のドブへ転がり込んで難を避け、遠去かると走り出す。何人か焼夷弾に撃たれ倒れ込んだが、助けの手を出す余裕もない。いつも十分足らずの道のりが遠かった。どうたどったのか記憶もないが、とにかく傷ひとつ負わず、役所へ着いたのは奇跡だと、今も思う。

あれから二十七年。平和がよみ返り、神戸の町は急速に変容を遂げた。戦争を知らない若者たちもふえた。廃墟と化した傷跡を見ることも、ほとんどない。だが、わが家、わが町を焼かれ、肉親を失った〝あの日〟を忘れることのできない市民も多い。私たちの世代にとって、戦争は遠い戦場のことではない。わがふるさとを、再びガレキの山としないために、親から子へ、空襲体験が語り継がれんことを。

昭和四十七年六月

目次

阪神空襲

神戸大空襲

夜間大空襲（昭和二十年三月十七日）

警報発令

「ウー」「ブウー」

遠く、近く、押し寄せるようなサイレンの音で、西村多満子さん（当時三十六歳）は、目をさました。

「空襲ですよ。起きなさい」

隣に寝ている二男欣也君（当時六歳）をゆり起こすと、階段の上り口から、二階に寝ている父文治郎さん（当時七十二歳）へ声をかけた。

「おじいちゃん、早く……」

追っかけるように、空襲警報に変わった。

昭和二十年三月十七日未明。東京、名古屋、大阪についで、神戸はＢ29の大編隊に襲われた。この日は、アラレをともなった北風が強く、寒い夜だった。夜がふけるとともに、風は次第に強まり、烈風となった。

ねぼけ眼で、救急薬や非常食、防毒マスクのはいった雑嚢《ざつのう》を肩にかける欣也君をせかせ、防空頭巾《ぼうくうずきん》をかぶせる。まだ、ぐっすりと眠りこける長女佳津子ちゃん（当時生後三カ月）を抱き上げ、親子三人と文治郎さんが門口に立ったとき、夜空はすでにＢ29の編隊におおわれていた。

「でも、いつもの空襲ぐらいに思って、さほど緊張感はありませんでした。西の方に焼夷《しょうい》弾《だん》が落ちてゆくのが、打ち上げ花火のようで……。ワァ、きれいと、近所の人と話したのを覚えています」

多満子さんは、夫が出征中の留守を守り、神戸市兵庫区南逆瀬川町二丁目で西村写真館を開いていた。坐骨神経痛で体の不自由な文治郎さんを看病しながら、家業の写真館をしめず、女手一つでがんばってきた気丈夫な人だ。国民学校（小学校）一年生の長男は、西脇へ疎開させていた。

六歳の欣也君には、このとき、夜空に飛びかう米軍機が、輝く星の群れに見えた。だが、サーチライトの交錯する中で、炎上しながら落下する機影。空中戦に一喜一憂し、声援を送っていた人たちの間に沈黙が流れた。抵抗は、もう終わったのだ。あとは、腹の底に響くような爆撃機、戦闘機の爆音だけ。

「いつもと違う――」

だれ言うとなく、口から口へ不安が広がっていく。西と北の方角に、赤い火の手が上がり始めた。

「早く、早く！」

「みんな集まれ」

まるで、米軍機に聞こえるのを恐れるように、押し殺した声で、ささやきかわす大人たち。母親とつないでいた手が、路上に集まった一団の一人に移された。

「おじいちゃんを防空壕《ぼうくうごう》へ移して、すぐに追いつくからね。それまで、おじちゃん、おばちゃんのいうことをよく聞くのよ」

欣也君に声をかけた多満子さんは、門口へとって返すと、御崎八幡神社の境内を横に見ながら、通り一つ奥まった映画館「イチマ館」の地下壕へ、文治郎さんを導いた。壕内は真っ暗だが、人のぎっしり詰まった気配が感じられる。文治郎さんを壁ぎわにすわらせると、欣也君を追って表へ飛び出した。

わずか数分の間に、あたりの空気は一変していた。

〈1時40分〉警戒警報発令。遠州灘ヲ北進中ノ敵機アリ。今夜ハ大編隊ト思ハレルカラ十分警戒ヲ要ス。外ニ土佐沖ヲ西北進中ノ敵機ガアリマス。今夜ノ空襲ハ大都市ト思ハレマスカラ十分警戒ヲ要ス。……〈1時50分〉コレマデニ北進中ノ敵機ハ次ノ通リ。近畿地方ニ向フモノ四目標、備後灘ニ向フモノ一目標、方向不明ノモノ二目標。……〈1時55分〉近畿地区タダシ福井県ヲ除ク空襲警報発令。（兵庫県商工経済会「防衛日誌」）

退避！

同じころ、生田区中山手通七丁目の児童養護施設「神戸真生塾」では、理事長の水谷愛子さん（当時四十六歳）が寝つきの悪い赤ん坊たちに添い寝をしていた。

夫の央さん（当時四十九歳）長男堅さん（当時十九歳）長女滋さん（当時十八歳）二女律

さん（当時十六歳）と、職員の垣内貞二さん（当時四十八歳）それに三十人の子供たちも、それぞれの部屋で寝入っていた。一時は七十人の子供と、数人の保母がいたが、戦況が悪化したため四十人を兵庫区山田町小部に疎開させ、保母も故郷へ帰した。深夜の塾は、子供たちの安らかな寝息が聞こえるだけ。

「疎開した子供たちは、いまごろ静かに眠っているだろうか」

赤ん坊の背をたたきながら、愛子さんが思いをめぐらしている時、警報が鳴った。央さんらが起き出して、ぐずる子供たちに退避の準備をさせている。枕元に、いつも用意してあるリュックを背負わせ、毛布を持たせた。国民学校高学年の子供には、一人ずつ小さな子供の手を引くよう、当番制にしてある。受け持ちの子供を捜す大声、火のついたように泣き出す赤ん坊……。それまで静かだった建て物が、騒然となった。

——熊野灘↓紀伊半島。高知↓徳島↓淡路東方の二コースで進攻したB29六十機が紀淡海峡付近で旋回集結、攻撃態勢をととのえ、その一機が午前二時五分、神戸上空に侵入した。照空燈の光芒が何本も、夜空に光の縞を描いて侵入機をとらえ、これを目がけて高射砲が盛んに火を吹き、砲弾は侵入機の前後にさくれつしていたが、機首を転じた侵入機は須磨の東部と元町、三宮、灘の上空に三、四個の照明弾を投じて海上に去った。（神戸市史）

横田正造さん（当時三十歳）も兵庫区水木通二丁目の自宅で、ぐっすり寝込んでいた。昨夜は勤め先の川西航空機宝塚製作所から十時ごろ帰った。労務課勤務で、出征留守家族や戦没者の慰問、徴用工集めなどがおもな仕事。近ごろはやたらと仕事がふえて夜勤続き。

「戦局が切迫してきたのかな」と、妻房江さん（当時二十三歳）と話しながら床に着いた。寝入りばなの警報。

「起きた瞬間、今夜はやられるなと思った。工場で、東京や大阪の大空襲に関するニュースが流れていましたからね」

横田さんと、父広作さん（当時六十二歳）の処置は素早かった。

「オレたちは家を守る。早く逃げろ」

初めての子供を身ごもっている房江さんと母ていさん（当時五十一歳）に、現金、貴重品だったカツオブシ二本、砂糖五斤などを持たせ、湊区菊水町九丁目の知人宅に向かわせた。

だが、中風で、二階に寝ていた祖母金谷ツネさん（当時七十八歳）は、

「ここで死ぬ」

と言いはって、逃げるのをこばんだ。

〈2時15分〉敵機ノ大部分ハ近畿地区ニ向ツテイル。……〈2時20分〉紀州ノ沿岸ニ到達シ北進中ノモノハ三目標デス。……〈2時25分〉間モナク第一ノ敵機ハ摂津浪速ニ到達シマス。……熊野灘沿岸ニハ敵機ガ相次デ侵入シテイマス。(兵庫県商工経済会「防衛日誌」)

西村写真館から、兵庫運河をへだてて北へ二百メートル、須佐野通一丁目に住んでいた小林安子さん(当時二十歳)は、妹玉江さん(当時十八歳)といっしょに、父親の利吉さん(当時四十八歳)を説得していた。

「家の裏に真光寺の境内があるから、あわてなくても大丈夫だ」

と、言い張る利吉さんは、表に立って空をにらんだまま、なかなか動こうとしない。

「お父さん、早く逃げましょう」

足弱な母かのゑさん(当時四十二歳)をかばって、安子さんは、何度も声をかけた。

そこへ、最初の焼夷弾攻撃。家に落ちた二、三発を火たたきで消しているうちに、周囲から火の手が上がった。火勢はみるみるうちに広がっていく。

「これ以上いてはあぶない。そろって逃げよう」

父の声に、四人ひとかたまりになって表へ飛び出した時、すでに隣近所に人影はなかった。

「敵機ハ浪速上空ニ進入中デス……明石方面カラ須磨ニ向フ敵機ガアリマス……神戸市民ハ敵闘シテ下サイ」

兵庫県商工経済会の「防衛日誌」は、ここでぷっつり切れている。

「以下ハ消火ノタメ情報聴取不能」の記述を残して……。

西村多満子さんが、空を見上げて、わずか数分後、神戸市民は、かつて経験したことのない〝焦熱地獄〟にたたき込まれた。

焼夷弾の雨

――午前2時20分、米機、神戸上空に侵入。……午前2時30分、市の西部「高取山」付近に照明弾落下、まもなく火災発生を認む。続いて須磨方面に一火点、摩耶山ろくにも一火点を認む。次いで平野方面、国産波止場付近にも火災発生。(神戸新聞社「防衛日誌」)

「空襲だッ、空襲!」

父親を「イチマ館」の防空壕に送り込み、表へ引き返した西村多満子さんの耳に、切迫した声が響いた。

一瞬、マグネシウムを一度に、何百発もたいたような閃光《せんこう》。「ゴーッ」と爆音が低く迫ってきた。思わず佳津子ちゃんを強く抱きしめ、身をかがめる。爆音が遠去かるのを待って表通りへ。家の前の御崎本通は、路地から飛び出した人であふれていた。

そこへ次の編隊が襲ってきた。

「ヒュー」「ドーン」

人波をねらい定めたように、前後左右に焼夷弾の雨。家並みが次々と火を吹き、火の粉が顔や手をこがす。

「ぎゃあ——」

引き裂くような悲鳴。黒い人影が火に包まれた。だが、だれも手を出す余裕はない。後ろから押してくる人波にもまれながら、多満子さんは、兵庫運河にかかる第五橋を越えた。大きな四つ角を右に曲がる。

「どうやら、大輪田橋の方へ向からうらしい」

そう思ったとたん、体がスーッと宙に浮いた。アッと思ったとき、下半身は水につかっていた。真っ暗な中で、頭の上に、丸い薄明かりが見える。

フタのないマンホールに落ちたらしい。あわただしく、足音が通り過ぎていく。

「助けてえ――」

大声で叫んだが、耳のまわりでガンガン反響するだけ。だれも、のぞき込んでくれない。三度、四度、声を限りに繰り返した。

声が届いたのか、戦闘帽をかぶった顔が、マンホールの口をふさいだ。だが、

「どないして、上がるんや」

と、一声残しただけで行ってしまった。

「こんなところで、死ねない」

多満子さんは、暗闇の中でそう考えたことだけは覚えている。が、どうやって、マンホールからはい上がったのか、いまもって記憶にない。

気がつくと、ずぶぬれのまま、火がついたように泣く佳津子ちゃんをかかえて、大輪田橋の上にいた。あとで考えると、この時ぬれたおかげで、命拾いできたのだ。

「こっちだ。オレについてこい」

人波の頭越しに、大きな叫び声。市電松原筋を西へ向けて、群衆が動いた。
二、三百メートル進んだころ、道路の真ん中に焼夷弾が落ちた。何人かがはね飛ばされ、火ダルマで倒れる。恐れをなした群衆は、再び大輪田橋へ引き返し始めた。

西村多満子さんと相前後して、三木谷君子さん（当時二十五歳）も、第五橋を渡っている。自宅は、御崎八幡神社から南約五十メートルの御崎本町一丁目。夫の嘉雄さん（当時三十歳）は、メガネと時計の店を開いていたが、川崎航空機明石工場へ徴用にとられており、その日も夜勤で、家にいなかった。

可愛いさかりの長女弘子ちゃん（当時一年十カ月）を、妹の礼子さん（当時十六歳）に背負わせ、君子さんは、家に落ちた焼夷弾を手でつかんでは外へほうり出していた。

「店にはセルロイドがあるので、水をかけると爆発する」

と、嘉雄さんから何度も注意されていたからだ。父親の亀吉さん（当時六十四歳）は軽い中風で、右半身が不自由。それでも、日露戦争の出征兵士だったことを自慢にしている人だけに、踏みとどまって消火を手伝ってくれる。

そのうちに第二波の攻撃。御崎本通りをはさんで、真向かえの薬仙寺のあたりから火炎が上がった。近所の人たちは、次々と御崎本通りを北へ避難していく。礼子さんから弘子ちゃんを受けとり、背中にしっかりとくくりつけると、君子さんも避難の列に加わった。

幅三メートルほどの通りは、人でいっぱい。第五橋のたもと、ちょうど西村写真館の前あ

たりで、群衆がうず巻いている。若い警官が抜刀して、

「逃げるな。逃げないで火を消せ！」

と、道をふさいでいたからだ。

君子さんは、一つ手前の路地を西に折れ「イチマ館」の前を迂回して、警官の背後をすりぬけた。

第五橋を渡り、市電松原筋を越えて北へ向かおうとした時、

「ザーッ」

と前方に焼夷弾の雨。広い道路一面に焼夷弾が突き刺さり、ものすごい火炎を吹き出す。
二、三人が炎の中で倒れた。西の方角も、すでに火の海。
「中之島へ行こう」

君子さんと礼子さんは、市電筋を東へ走り、大輪田橋の上にさしかかった。

なめる炎

――照明弾の強烈な閃（せん）光で今まで真っ暗だった神戸全市が真昼のように明るくなったと思うと、ここを目標に洋上の六十機（あるいは七十機）が十梯団となって、はじめは

七千メートルぐらいの高度であったが、後には二、三千メートルの低空で殺到し、周辺部から中心部へ、六ポンド油脂焼夷弾、エレクトロン焼夷弾、小型爆弾を混投し、無差別じゅうたん爆撃を行った。その光景は実にものすごく、焼夷弾はザアーッ、ザアーッと異様な音とともに雨のように降りそそぎ、爆弾がさくれつしたとおもうと、たちまち西の空が赤くなって火の手があがり、兵庫・新開地付近は火の海。飛行機の通ったあとには、線を引いたように火の手があがるのが見え、みるみるうちに市内各所にひろがっていった。（神戸市史）

西村多満子さんが、御崎本通と市電松原筋の交差する四つかどを東に折れ、大輪田橋へ向かっていたところ、小林安子さんら一家四人は、同じ四つかどのすぐ北、真光寺の境内にいた。広い境内には「亀の池」があり、池の中ほどに大仏像の石の台座がある。そこには水がなく、四人は台座の陰に身を寄せた。そこここに、難を避ける人影が見える。

やれやれと思った途端

「ドカーン」

突然の爆風に、台座へたたきつけられた。至近弾だ。一瞬、窒息状態になる。父親利吉さんと妹の玉江さんは、すぐ起き上がったが、母親かのゑさんがうずくまったままだ。頭にケガをしたらしいが、手当ての方法もない。

寺の山門が燃え始めた。こぶし大の火の粉がビュンビュン飛び、煙が渦巻く。四人は池の中にはいり、石垣のふちを持って立っていた。足元でごそごそと亀が動いている。

突然、頭を強い力で、水の中へ押しつけられた。浮かび上がって、振り仰ぐと、利吉さんの顔があった。防空頭巾が燃え上がっていたのだ。かのゑさんは頭に重傷を負い、安子さんらは顔、手足を熱気にあぶられながら、池の中で一夜をあかした。

「熱風と煙で目をやられ、あたりがかすんでくる。意識がもうろうとして沈みそうになる。〝ああ、どうしても生きなければ〟――娘ざかりの私の胸を突き刺したのは、強烈な生への願いだった」


神戸一の繁華街だった新開地付近では――。

横田正造さんは、身重の妻房江さんと母親ていさんを知人宅に送り出したあと、上沢通の市電筋まで様子を見に走った。途中、真っ暗だった市中が、真昼のように明るくなった。照明弾が投下されたらしい。同時に高射砲の響き。北と西の方向に次々と火の手が上がり、消防車のサイレンが聞こえる。

急いでとって返し、玄関をはいろうとした途端、ザーッと焼夷弾が降ってきた。

父親の広作さんと、長い竹の先に布切れをつけた火たたきで、道路に落ちた焼夷弾を消そうとしたが、とても手に負えない。そのうち、家にも被弾。パッと火の手が上がる。

二階で寝たっ切りの祖母ツネさんを助けようとしたが、すでに階段は焼け落ちてない。二階も一面、火に包まれている。

近くでギャーッという悲鳴。見ると隣の主人が直撃弾をくらったらしい。耳をソギ落とされ、顔中、血だらけにして何かわめいていた。

「全員タイヒ、ゼンイン退避！」

横田さんは近所中にふれ回ったが、すでに人影はほとんどなかった。

「ナムアミダブツ……」

広作さんと二人、猛火に包まれた祖母に手を合わせ、後ろ髪を引かれる思いでその場を離れた。

そのころ、房江さんはお腹の子供を気づかいながら、新開地本通西の三角公園付近で、避難する人の群れにまじっていた。一緒に家を出た母親ていさんとも、いつの間にかはぐれてしまった。

三角公園で、台に上がった警官が刀を抜いて、

「山手へ逃げろ」

と、叫んでいる。人波は新開地通から湊川トンネルへ、なだれをうつように向かった。

「大きな火の粉がバラバラ飛んできて、息がつまりそう。隣を歩く人の頭巾がボッと燃え上がる。あわてて消した。だが、しまいには燃え上がっても、手のつけようがない。火ダルマになって、燃えさかる建て物に倒れ込む人もあった」

その夜、湊川公園には、数千人の市民が逃げ込んでいた。

兵庫区下沢通二丁目に住む岡本はるみさん（当時十五歳）も、母親の手を引いて群衆にまじっていた。目の前に神戸タワーが近づいてくる。人波に押されるように、タワーへかけ上がった。

あとから考えると、ずいぶん危険なところへ逃げたものだが、その時は夢中だった。たくさんの人が、タワーの中へはいろうとせり合っている。見おろす家々がまたたく間に、炎になめられていく。

すさまじい音と同時に、焼夷弾が落ちてきた。タワーの展望台へも雨のように降りそそ

ぐ。

「シュッ、シュッ」

と、音をたてながら火が走り、人々が逃げまどう。

タワーを走り降りた時、周囲は火にかこまれていた。ちょうどタワーの向かいに、焼け残った家がある。そこへ逃げ込もうと、戸をたたいたり、けったりしたが、びくともしない。

「もうダメだ――」

母娘が絶望の視線をかわしたとき、警防団員の先導で人波が動き出した。母親の手を引っ張って、火の粉の中を夢中で走る。坂道をかけおり、トンネルの中へ逃げ込んだとき、炎はトンネルの入り口にまで迫っていた。

両方の入り口を火にふさがれたトンネルは、煙突のように熱風が吹きぬける。大きな火のかたまりが、あたりかまわず飛び込んでくる。ひき裂くような赤ん坊の泣き声、肉親を求める叫び……。

はるみさんは、頭からフトンをかぶり、目をつぶって恐怖に耐えていた。

「もうダメかしら……」

同じことを、何度も心に言い聞かせる。B29の爆音、焼夷弾の落ちる音は、いぜんとして

焼け曲がった街路灯。異国情緒を誇った元町通は見る影もない＝生田区元町通４丁目付近で

続いている。……早くおさまってほしい……

何ともいえない時が五分、十分と過ぎる……

いま何時ごろだろうか——ポッカリと穴のあいた心に、時間のことが無性に気になった。

焼け残った十七軒

神戸真生塾＝生田区中山手通七丁目＝で、子供たちをせきたてていた水谷愛子さんは、西の窓が真っ赤に映ったのを見た。木造の西別館が被弾して、燃え上がったのだ。

「退避ッ」

だれかが大声で叫んだ。大急ぎで表の道路に出る。待っていたように焼夷弾の雨。

「ブスッ、ブスッ」

無気味な音をたてて、焼夷弾が建て物の屋

根を突き破る。鉄筋の本館にも、窓から飛び込む。東の別館、食堂、門のそばの住居を含めて五棟《むね》が、一気に火に包まれた。

「まだ、中にいる！」

子供たちが叫んだ。東別館の一階東端には、クル病や栄養失調で五人の乳児が寝ていた。いざという時には、年かさの子供が一人ずつ連れ出す手はずになっていたが、気が動てんして、自分だけ逃げ出すのが精いっぱいだったらしい。

気が狂ったように火の中へ飛び込もうとする愛子さんの腕を、夫の央さんと長男堅さんが、両側から押えた。振りほどこうと、もがいた愛子さんの目が、央さんの目とあった。静かに首を振る央さん。ちゅうちょする暇はない。

「残った子供たちだけでも、助けねば……」

気を取り直した愛子さんは、乳児を抱き、幼児をモンペにつかまらせて、宇治川沿いに川下へ走った。長女滋さん、二女律さんも、同じように子供をかばいながら、あとに続く。あたりを見回すと、燃えているのは真生塾だけだ。

市電筋の橋まで、たどりついたが、橋の下は近所の人たちでいっぱい。ようやく入り口に、もぐり込ませてもらった。焼夷弾は橋の下へも、容赦なく降りそそぐ。そのたびに、毛布でたたき、足で踏んで、着物や荷物へ燃え移るのを防いだ。

――凄惨《せいさん》な地獄の変相図だった。死闘というにはほど遠い、それは一方的な殺りくだったといっていい。敵機はすでに編隊をといて闇中に荒れ狂う怪鳥であった。火の手は随所に燃え上がる。建て物も橋梁《きょうりょう》も、人も家畜も、爆発し、炎上し、飛散する。もはや高射砲火など眼中にない敵であった。……高空から、機群は低空に移る。更に超低空に飛び来り飛び去って、その攻撃ぶりは飽くことのない餓狼《がろう》のようにつきることを知らなかった。……市の中央部はすでに火の海だった。天を焦がす焔のかたまりが、白銀の霧を吹いては燃えくずれた。町全体がゆれにゆれている。(神戸駅史)

真生塾の子供たちが逃げ込んでいた橋から、宇治川筋を南へ。

神戸の中心街だった元町通りでは、ほとんどの人が避難を終わっていた。六丁目の「マルヤ靴店」の片山沖次さん（当時五十三歳）は、家族そろって三越の西隣、松尾ビルの地下室にいた。六丁目の人たち四、五十人が集まっている。一台のラジオをかこんで、刻々と伝わる情報を聞いていたが、コンクリートの壁を通して、焼夷弾の音がだんだん近づいてくる。

やがて、

「栄町方面に焼夷弾投下」

の放送を最後に停電。暗くなった部屋の中に、B29の爆音だけが重苦しく響いた。

全員で地下室を飛び出したのはその直後だ。いざという時は、省線（国鉄）の高架下か、宇治川筋を山手へ逃げることにしてある。付近にはまだ、火の手はない。宇治川商店街も、暗闇の中に残っている。片山さんらは、ガードを越え、宇治川筋を北へ走った。

同じく六丁目に住む中村敬さん（当時十五歳）が、自宅の防空壕から元町通りへ出たのは、もう少しあとだ。五丁目の宝文館のあたりが、真っ赤に燃え上がっているが、さいわいなことに、六丁目には一発も焼夷弾が落ちていない。

「これなら延焼を防げるかもしれないぞ」

父親の清太郎さん（当時六十歳）が、浮き足だつ敬さんら四人を呼びとめた。

「逃げるのは、いつでも逃げられる。とにかく、やれるだけやってみよう」

清太郎さんの指揮で、五人は五丁目と六丁目の間の道路に立って、火の手を待ち受けた。

「バリっ、バリ……」

一軒々々、火の粉を吹き上げて炎が迫ってきた。五丁目の最後の一軒に火が回った時、中村さんらは行動を開始した。六丁目に火が移りかけると、バケツリレーで水をかける。

「どこから水を運んだかも覚えていない。夢中で、バケツの水をかけて回った」

人のいない家にかけ込み、熱で燃え上がったカーテンを引きちぎっては、表へほうり投げた。

五丁目と六丁目の〝境〟を防ぎ切ったころ、火の手は六丁目の南筋に移っていた。それから後は、一種の惰性。南側の一軒に火が回ると、その向かいの北側の店に水をかけて、延焼を防いでいく。風が北から吹いていたことも、さいわいだった。

「亀井堂の隣、三階建てのカメラ屋がものすごい音をたてて燃え落ちたときが、ヤマだった」

元町通りは、三丁目から六丁目までが灰燼《かいじん》に帰したが、中村さんらの努力で、六丁目北側の十七軒は残った。

大輪田橋の地獄

佳津子ちゃんを抱いて、西村多満子さんが大輪田橋へ引き返した時、橋の上は両岸から詰めかけた人たちでぎっしり。身動きもならない。

「ゴオーッ」

3月17日の空襲で、元町通の西半分は灰燼に帰した＝左側の建て物は3丁目の「凮月堂」

と、風が強まった。両岸の家並みは、すでに一面、火の海。運河も燃えるような照り返しだ。燃えさかる柱や雨戸、トタンが紙切れのように飛んでくる。

「ブスッ、ブスッ」

にぶい音とともに、ところかまわず、焼夷弾が落ちてくる。そのたびに人影が倒れ、火の手が上がる。

「ワアー、ワアーッ」

逃げまどう人波。どの声も言葉にならない。

多満子さんは、まだ、狂乱の渦に巻き込まれずにいた。水筒の水でぬらした手ぬぐいで、降りそそぐ火の粉を消す。それでも、追っつかなくなった。頭巾とモンペがくすぶり始めた。

ふと、前を見る。背に負ったふろしき包みや防空頭巾から、炎を吹き上げながら、何人か運河へ落ちた。橋の下の水面、イカダの上も人、人、人……。そこを熱風が吹き抜ける。吹き飛ばされて、子供が運河へ。イカダにも火がついた。水中へ転げ落ちた人の群れ、その上へ、欄干からバラバラと人が降る。

多満子さんは、いつの間にか、橋の中ほどの欄干にもたれて、うずくまっていた。ふと、気がつくと、佳津子ちゃんが静かになっている。

軽く目を閉じ、うっすらと口を開いて、眠っているように……。

「佳津子ちゃん——」

ゆすり上げ、口元にほおを近づけたが、もう、息をしていない。一瞬、あたりの物音が、すべて消えた。シーンとなった頭の中で、

「栄養が足りないせいか、満足に笑うこともしない子だった」

という思いが、かすめた。だが、不思議と涙は出なかった。

まだ、ぬくもりのある佳津子ちゃんを抱え、放心状態で橋の上へすわり込んだ多満子さんの頭に、風で飛ばされた木材がふりかかったのは、その少しあとだ。

「ガツン」

という衝撃と同時に、意識はプッツリと切れた。

同じ大輪田橋の、二十メートルばかり東の欄干のたもとに、三木谷君子さんがうづくまっていた。

橋の上を、溶接の火のように炎がはう。そのたびに、右往左往している人影が、少なくなる。衣服を焼かれて、運河へ落ちていくのだ。

そこへ、火の粉を巻き込んだ突風——。動いていた人垣がくずれ、何人かが欄干へ吹き倒された。一緒にいた妹の礼子さんは、すばやく橋の下へ飛び降り、運河に沿って北へ走った。君子さんも続こうとしたが、長い間しゃがんでいたため、ひざがしびれて立てない。そのまま、なだれのように倒れてきた群衆の下敷きとなった。

何分ぐらい意識を失っていただろうか。

「熱い！」

全身をはう炎で、君子さんは意識を取り戻した。鼻の上に、おばあさんのお尻がのっかっている。その上に、さらに二、三人の人。両手で、上の人たちをゆすったが、返事がない。

防空頭巾や衣服は、こげてボロボロになっている。

「死んでいるのだ」

こう気づいた君子さんは、必死で体を動かした。おばあさんの死体をずらせて、上半身を、橋の上に起こす。背中から、弘子ちゃんを引きずり出すと、小さな体をかばうように、ひざの上にのせた。

「今から思うと、その時はもう、弘子は死んでいたようです」

両腕が焼けただれているので、抱きしめてやることもできない。可愛いわが子を、投げ出した足の上に置いて、君子さんは念仏をとなえていた。

「ここを死に場所と決めてしまうと、不思議と、火に対するこわさがなくなった」

青い火とともに、B29の編隊が低空で飛んでくるのを、じっと見上げていた。再び起こる突風。火のついた大八車が、オモチャのように飛んでいく。欄干にもたれていた体が、軽くなったかと思うと、意識がスーッと薄れていった。

――この夜は北風が強く、この風が火勢をあおったため、各所に飛火して大火災となり、ついに本市の西半分を焼きつくした。北風にあおられて火が路面を走り、風下に避難する人々の群れに追い迫っているさまは、さながら地獄の業火を思わしむるものがあった。湊川神社西側の溝には炎を避けて焼け死んだ多くの死体があり、兵庫区清盛塚近くの大輪田橋付近では、風下に逃れんとして避難した多くの人々が運河に行く手を阻《はば》まれ、迫りくる炎に追われて運河の貯木筏の上に飛び降りて逃れようとしたが、対岸は飛び火ですでに燃えているため、腹背に火をうけて多くの人々が運河の中で生命を断った。熱気にたえかね、水槽の中で死んでいる人もあった。新開地では鉄筋建築の劇場に避難した多くの人々が、吹き込む火炎と熱気のために命を失い、また街の防空壕に避難した人々も猛炎に包まれ、壕中にぎっしり折り重なってむし焼きになるなど、見るに忍びぬ惨状が市内いたるところに見られた。

（神戸市史）

火炎の中の少年

母親の多満子さんと別れた西村欣也君は、どこへ逃げたのか——。

近所のおばさんに手を引かれて、第五橋を渡った欣也君は、そのまま向きを変えず、清盛塚の下を通って、どんどん北へ走った。

毎日、通っていた平安幼稚園が清盛塚を北へ抜け、真光寺の「亀の池」をめぐって、左へ折れたところにある。この道筋は、六歳の欣也君にとっても、通いなれたコースだった。しかし、一行は足どりをゆるめる様子もなく、さらに北へ向かった。

すでに、周囲は火の海。煙と炎が渦巻く路地や建て物の陰から、浮き出るように人影が、大通りへ、大通りへ、あふれ出てくる。人の波に巻き込まれ、ひかれた手が離れそうになる。

「しっかり、握っているのよ」

だまってうなずき、相手の手につかまっているのが、精いっぱいだった。

もう、どこをどう走っているのか。ただ、やみくもに駆けた。

その間も、絶え間なく火の粉や焼けた木片が、頭上にふりかかってくる。あいた片手で、火の粉を振りはらいながら走った。

いく度も路地を抜け、広い通りに出る。また、狭い道へ。気がつくと、松原通りの電車道を走っていた。

道端にペタンと腰をおろし、うずくまっている人たちがいる。赤く火照った顔、すでに表情を失い、ボンヤリと走り抜ける人波を眺めいた人たちの顔が、妙に印象に残っている。

アスファルトに落ち、次々と炸裂《さくれつ》する焼夷弾をどうくぐり抜けたのか。とにかく、欣也君らの一行は、省線（国鉄）のガード下に飛び込んだ。

「浜手はもう火におおわれている」

「山の方へ行ってはダメだ」

大人たちが叫びかわす声を、頭上に聞きながら、欣也君は身をかたくしていた。子供心にも、今夜の異常さが身にしみたのだ。だが、母親や妹のことにまで思いをはせるには幼すぎた。

「さあ、いまのうちだ」

大人たちは、まるで小止みになった雨を避けるように、ガードから外へ飛び出した。欣也君も、強く引かれた手に従った。国鉄兵庫駅前は、避難してきた人でいっぱいだった。周囲に家が密集していないだけに、直撃弾を受けない限り大丈夫だと思ったのだろう。

人波は落ち着きなく、右に左にゆれていた。

「あっちは大丈夫?」

「松原通りの方は、火の海だ」

口を開く人の回りに、すぐ人垣ができる。たよりない情報でもいい、いまは一言でも、安心できる言葉がほしいのだ。キョロキョロしているうちに、欣也君はとうとう、近所のおばさんたちからはぐれてしまった。

泣きもせず、人ごみを捜したが、見知った顔には出会わない。もと来た道を引き返すにも、外は煙で見通しがきかない。

「とにかく、ここを動かなければ、そのうち、だれかが連れにきてくれるだろう」

幼な心にそう思いつめると、じっと待った。


駅前の広場にしゃがんでいると、幼稚園での避難訓練が思い出される。

「近くに爆弾が落ちたら目と耳を両手で押え、体を丸くして地面にふせなさい」

「火の中をくぐるときは、頭から水をかぶりなさい」

「煙に巻かれたり、ガス弾が破裂したら、すぐ防毒マスクをかぶりなさい」

よほど繰り返し教え込まれたのだろう。幼稚園の先生の言葉が、耳元に聞こえてくる。

だが、広場の真ん中で、六歳の欣也君は途方に暮れた。

こんなに火と煙の中で、爆弾の落ちてくるのは見えないし、落ちてくる音を聞いてから目と耳をふさいで、間に合うだろうか。……頭から水をかぶるにも、防火用水はどこにあるのだろう。……捜し回ると、よけい迷い子になるし……。

小さな頭の中を、次々と〝思い〟がかけめぐる。

ガス弾が落ちて、そのにおいがわかってから、マスクをかぶる余裕があるのだろうか。

……ガスに色がついているのだろうか。……先生に聞いとくの忘れたなあ。

「ガーン」

突然、目の前が真っ赤になった。爆弾か焼夷弾が、至近距離で爆発したのだ。その瞬間から、しばらく、欣也君の記憶は空白になっている。恐らく、気を失って倒れていたのだろう。ふたたび目を開いた時、人の渦は、火の渦に変わっていた。突風にあおられた火の粉、燃える木片が、吹雪のように襲ってくる。

「逃げよう」

と、身を起こした時、右足に電流が走ったように、痛みが貫いた。

見ると、足首が血に染まっている。爆発の時、破片が突き刺さったらしい。しかし、動かずにいると、火に巻かれる。衣服がブスブスこげ始めた。地面にころがって、燃えるのを防ぐ。

チラッと、兵庫駅が見えた。人影も見える。だが遠い。まわりには人影はない。広場に群がっていた人たちは、突然の襲撃に自分が逃げるのに精いっぱい。子供一人助け出す余裕はなかったのだろう。

「ウオーッ」

なんでもいい。とにかく、人影に向って叫んだ。おそらく、言葉になっていなかったろう。聞こえないのか、人影は右往左往するだけだ。

何度目かの叫び声を上げげた時、中年の婦人が、火の中へ飛び込んできた。抱き上げて、駅の中にある仮設医務室に運んでくれた。

とっさのことで、欣也君は、この婦人の顔を見ていない。その後、この婦人は、火の中を逃げのびたかどうか――。

運び込まれた医務室は、負傷者のうめき声が充満していた。名前と住所を聞かれ、簡単な手当てを受けた。

「お母ちゃんが、追っかけてくる」

信じて疑わなかった欣也君の言葉に、大人たちは、構内の人目につきやすい場所に、毛布とむしろで寝床を作ってくれた。

火のタツ巻き

突風に吹き飛ばされた三木谷君子さんが、ふたたび意識を取り戻したのは、大輪田橋から少し西へはずれた、清盛塚南側の路上だった。風で百メートル以上も、吹きころがされたらしい。

いぜんとして、ものすごいタツ巻き。燃えたトタンが、紙のように空を舞っている。橋の上に、頭巾やモンペに火がつき、ころげ回っている人影が見えるが、体を起こして助けに行くことができない。一つ、二つ……立ち上がろうとした人影が、空へ吹き上げられ、火のついたまま運河へ。

「弘子は――」

気がついた君子さんは、狂気のように、あたりを見回した。いない……。ひざの上に乗せていた弘子ちゃんの姿がない。燃えたのか、吹き飛んだのか、身につけていた防空頭巾も雑のうも、跡かたもなく消えていた。

同じ時、地獄のような大輪田橋の上に、君子さんと同じ町内に住む白崎政江さん（当時四十歳）がいた。

二度、三度――。突風に吹き飛ばされて、橋の上を南へ、北へ、ころがった。が、いずれも欄干にひっかかった。四、五十人いた人影が、十人ほどに減っている。運河へ吹き落とされたのだ。すぐ横にいた女の人が、フワーと浮き上がったかと思うと、火煙に包まれた運河へ。

「影絵の中で、燃えた人形がふわふわと浮いているような感じ。こわいと思う余裕もなく、夢中で欄干にしがみついていた」

そのころ、政江さんの夫、白崎正義さん（当時四十五歳）は、大輪田橋南四百メートルの川中国民学校で火炎とたたかっていた。鉄筋校舎の一階に、川中警防団の本部がある。御崎本町一丁目の町内会長と、警防団の副団長をつとめていた白崎さんは、警報発令と同時に本部へかけつけた。

「今夜はやられる。焼夷弾が落ちてきたら、すぐにみんなを逃がしてくれ」

と、町内会の副会長に頼んである。東京や大阪での惨状を聞いていたから、

「バケツや火たたきで到底、消せるものではない」

ということは、わかっていた。そのために、自宅や、経営していた木材工場の門をあけはなして、すぐに逃げ出させるようにしてある。

自転車で本部へ着いた時、すでに横田芳穂団長ら十人ばかりの幹部が、顔をそろえていた。まもなく板宿と丸山方面に照明弾が落ちた。屋上から見ていると、神戸の西半分が、真昼のように浮き上がった。そこへ、

「バリッ、バリッ……」

燃え上がる神戸工業専門学校＝３月 17 日未明、林田区（長田区）細田町で

と機銃掃射。学校の前の家にも、二、三発、弾が飛び込んだ。それを全員で調べに行った直後、焼夷弾の雨が襲ってきた。

それからは、校舎への延焼を防ぐのが精いっぱいだった。ものすごい火の粉で、カーテンや机が燃え上がる。児童たちは集団疎開に行っていたので、教室は食糧倉庫に使われていた。その食糧にも火がついた。真っ赤に燃えた植え木が窓から飛び込んでくる。

教室の真ん中に大きな机を置き、その下にもぐりこんで火炎を避けた。充満した煙で、息がつまりそうになる。何時間ぐらい、そうしていただろうか。校舎が鉄筋だったので、火に包まれることだけはまぬがれた。火煙がややしずまってきたころ、大きな音がして、校舎がゆれた。近くに爆弾が落ちたらしい。

ねんねこのまま電柱に

三木谷君子さんら御崎本町一丁目の人たちが、北の大輪田橋へ逃げたのに対して、隣の御崎本町二丁目の人たちは、南へ向かっている。

二丁目町内会長の浮田好夫さん（当時三十三歳）は、その夜、遅くまで起きていた。防衛部長の能勢岩男さんが家にきて、二人で話しこんでいたのだ。

「名古屋も大阪もやられた。今夜あたり神戸があぶない」

「町の人たちを、どこへ避難させたらいいでしょうか」

話はもっぱら空襲のことばかり。そこへ警戒警報のサイレン。さっそく二人で、町内の人たちを起こして回った。南へ少し行ったところに、二月四日の爆撃で焼けた、広いあき地がある。みんなに、そこへ逃げるように指示し、町内から人影が消えたころ、南の方から、

「ザァーッ」

と、焼夷弾が降ってきた。ちょうど、大きなアラレが、まんべんなく落ちてくるのと同じ。火たたきで決して回ったが、とても消し切れない。次々と火の手が上がる。

家で火を消していた妻の敏子さん（当時三十歳）に、

「ぐずぐずしていてはあぶない。早く逃げろ」

と言い残して、もう一度、町内の見回りに走った。

当時、御崎本町二丁目は、小さな家が密集していたため、二つの町内会にわかれており、浮田さんが会長をしていた北部町内会には、二百五十世帯千八人の人が住んでいた。

浮田さんが町内を一回りして、避難所に指定したあき地へ着いた時、周辺の民家は火に包まれていた。百メートル四方ぐらいのあき地には、二千人を越える避難者が群がっている。町内の人員を点検すると、三百人ほど足りない。先に逃げるように言っておいた妻敏子さんの姿もない。

浮田さんは火炎の中を、再び町内の方へもどった。和田岬線に沿って北へ走り、運河沿いに住吉橋のところまで行くと、橋の南側に作られた防空壕の中に四、五十人の人がうづくまっていた。敏子さんの顔も見える。全員がおびえ切った表情で、手を合わせて念仏をとなえていた。

「ここにいては焼け死ぬぞ。オレについてこい！」

浮田さんは、みなをせきたてると、先頭に立って煙の中を突っ走った。

あき地の避難者の中に、第五橋わきの「イチマ館」の西隣で竹材工場を経営していた長田大介さん（当時三十四歳）がいた。宿直員と二人で、工場や倉庫に落ちた焼夷弾を消していたが、気がついた時は、四方は火の海。わずかに、南の方角が暗い。工場西側の道を、やみくもに南へ駆けた。

「それにしても、ほんまよう空襲に会うなぁ」

あき地の片すみで一息つきながら、長田さんは思わず苦笑した。

その前の年の十一月、仕事で上京していて、B29による最初の東京空襲に出くわした。さらに、その二年前、本土が初めて米軍機の襲来を受けた時も、工場に焼夷弾が落ちている。

その日——。昭和十七年四月十八日。米空母ホーネットを飛び立ったB25十六機は、東京、名古屋、神戸などに来襲した。当時は、米軍機による空襲など思いもよらなかっただけに、完全に防空の虚をつかれた。

市民たちは、日本の新型機かと思って空を見上げているところへ、爆弾と焼夷弾を投下されて、あわてて避難する始末。B25十三機が襲来した東京では、空襲が始まってから十五分後に、やっと空襲警報が発令された。

残り三機のうち二機は名古屋へ、もう一機が午後二時半ごろ、神戸上空へ姿を見せた。

「ブゥー」

のんびりした爆音をたてて、低空で飛んでくる新型機に、長田さんは従業員といっしょに工場の外へ出て、手を振った。

「だれもが、友軍機だとばかり思い込んでいた」
二、三百メートルの上空を、南から進んでくる。操縦士の顔が判別できるほど低い。と、翼のあたりから、何かドラムかんのようなものが落ちてきた。
「ドサッ」

大きな音をたてて、工場の敷き地内に落ちたのは、タバになった焼夷弾だった。さいわい、不発だったため被害は出なかったが、生まれて初めての焼夷弾に、だれもが肝をつぶした。

このあとすぐに、松原通に爆弾が落ち、旅館が吹っ飛んでいる。B25は、中央市場付近に二キロ焼夷弾四個をばらまいたあと、低空で旋回しながら去っていった。この空襲で一人が死亡、市民たちが受けた動揺は、きわめて大きかった。

大本営は、本土初空襲を次のように発表している。

「▽中部軍司令部発表（昭和17年4月18日午後3時）①本日午後、敵機二機名古屋を空襲し爆撃せるも、被害軽微なり②また本日午後、敵機一機神戸を空襲し、焼夷弾を投下せるも、大なる被害なし③国民諸子は今こそ勇戦奮闘し、防空心勝を期すべし。

▽中部軍司令部発表（同18日午後10時）本日午後零時五十五分ごろ中部軍区内に警戒警報が発令し、警戒中のところ、午後二時過ぎ伊湖方向より名古屋上空に敵機二機現出し、市内六カ所に焼夷弾を投下した。次いで午後三時四十分ごろ敵機一機、神戸上空に現われ、市内三、四カ所に焼夷弾を投下した。本日敵の使用した焼夷弾は二キロのエレクトロン及び油脂焼夷弾であった。名古屋、神戸市民は平素の訓練ぶりを遺憾なく発揮し、警防団、隣組の目ざましい活動により、またたく間にこれを消火した。これは全く市民の沈着機敏なる処置と協同一致のたまものであって、備えあれば空襲恐れるに足らぬことを如実に示したものといえる」

風がしだいに強くなった。

あき地の西側に、鐘紡病院のレンガの塀が続いている。長田さんらは、その塀の下にうづくまって熱風を避けていた。火のついたトタンや材木が頭上に舞い、火の粉が容赦なく降りかかる。体を低くして、火の粉を防いでいた時、突然、

「ドサッ」

という音とともに、レンガの塀が倒れた。幸運にも、病院の方へ倒れたので、あき地にいた長田さんたちは無事だったが、反対側にいた何人かは大ケガをした。

浮田好夫さんも、二、三メートル吹き飛ばされた。病院の中に爆弾が落ちたらしい。息をするたびに、レンガがくずれてきた背中が痛む。

「普通のときには、想像もつかないような突風。その風がボンボンと火炎を巻き上げ、空全体が大きな火柱のようになっていた」

このときの爆弾で、病院北側の正門のところにいた能勢防衛部長の母親と奥さんが、ふっ飛ばされて死亡した。ちぎれた衣服が四散し、二歳の男の子は、ねんねこのまま電柱の上にひっかかっていた。

息もできない熱気

「あのタツ巻きさえ起こらなければ」――。

大輪田橋付近で、多くの市民を運河へ吹き落とした突風は、焼夷弾の投下がややおさまった午前四時ごろに起こった。

大輪田橋のすぐ東、出在家町の防衛副部長だった竹内陽三さん（当時四十一歳）は、町内を見回ったあと、妻いつさん（当時三十二歳）と長女昭子ちゃん（当時三歳）を連れて、橋の下にあるトンネルへ避難していた。トンネルは、橋のたもとの堤をくりぬいて、運河と並行して作られてあり、高さ、幅はそれぞれ二メートル余り、長さは三十メートル近くあった。入り口付近はあき地になっているので、炎が吹き込む心配も少ない。町内の人たちは「絶好の避難場所」と思い込んでおり、七、八十人が逃げ込んでいた。

「カチン、カチン」

と、道路に焼夷弾の落ちる音が聞こえるが、分厚いコンクリートにおおわれたトンネルは、びくともしない。

「こんなええとこ、ありませんな」

思い思いに、安心し切った表情で話し合っている。そのうちに焼夷弾の音がしなくなった。外の火炎がひどくなったのか、トンネル内の空気も熱気をおび始め、息苦しい。トンネルの通路には、幅一メートルほどにわたって、馬のワラくずが積み上げられてある。

そこへ、火柱のようなタツ巻きが起こったのだ。

「バッ、バッ、バ、バ……」

南から北へ、トンネルの中を、バーナーのような火が走った。腰を上げるまもなく、バタバタと人が倒れていく。北側の入り口近くにいた竹内さんも、息がつまって、その場に昏倒《こんとう》した。

「熱い――」

ふと気がつくと、防空頭巾が燃え上がっている。犬のように「ハァーハァー」口をあけてあえぐのだが、呼吸ができない。猛烈な火炎で、空気が発火点近くに達しており、酸素がほとんどなくなっているのだ。

竹内さんは、最後の力をふりしぼって、トンネルの外へころがり出た。やっと、呼吸ができる。入り口のところでは、外へ逃げようとした人と、橋の上からトンネルへはいろうとした人たちが、折り重なって倒れている。その数およそ二十。だれ一人、動くものはいない。

ワラくずに火のついたトンネルは、火煙を吹き出す煙突のようなもの。助けにはいることはおろか、のぞくこともできない。

いつさんと昭子ちゃんの身を案じながら、竹内さんは、トンネルの外ではいつくばっていた。

火に包まれた中央市場

そのころ、兵庫警察署＝松原通五丁目＝の作戦室にいた切戸町々内会長高瀬武二さん（当時四十六歳）は、中央卸売市場に派遣していた分隊から、

「火勢猛烈ヲ極メ応援タノム」

の連絡を受けた。

さっそく、一分隊（十人）を出動させたが、すぐに引き返してきた。

「大輪田橋のあたりでタツ巻きが発生して、前進できない」というのだ。

応援を要請した中央卸売市場では、本館が火炎に包まれていた。

最初の攻撃のときは、市場の前の市電筋に焼夷弾が落ち、売店が火災を起こしたが、防衛団員らの活躍で延焼をくいとめた。第二波攻撃では、中央部の採光ガラスを破って、二階の通路へ焼夷弾が落ちた。通路には、全国各地から集荷した乾燥イモづるが積み上げられていたため、たちまち燃え広がった。

当時は、全国的に「未利用資源食糧開発運動」が展開されていて、イモのつるや、ナンキ

ンの茎が食卓にのぼった。町内会や隣組を通じて料理の講習会が開かれ〝なんでも食べよう〟が合い言葉になっていた。乾燥イモづるも、貴重な食糧資源だった。

防衛団の必死の消火作業にもかかわらず、火勢は激しくなる一方。屋上に駐屯していた高射機関銃隊（十四、五人）にも応援を求めたが、いったん燃え広がった火はどうすることもできない。

「火勢猛烈をきわめ、乾物会社、青果会社、海産物会社の各事務所にも相次いで延焼。さらに火勢は一階売り場、南側本館二階にも及んだ。建築構造の上から考えて、本来ならば本館に延焼するはずはなかったのであるが、当時、本館二階の市中央卸売市場事務所と青果会社との間に、海軍々納組合事務所と書類倉庫が設けられ、扉《とびら》をもって、それぞれ相通ずる仕組みとなっていたため、延焼するにいたった。このため市場本部は、応急的に冷蔵庫一階へ移された」（神戸市中央卸売市場二十年史）

受験帰省で死んだ疎開児童

国民学校（小学校）から集団疎開していて、中学を受験するために帰省、焼夷弾の犠牲になった人も多い。

高瀬武二さんの二女喜代子さん（当時十二歳）も、その一人だ。十九年の秋から鳥取県へ疎開していたが、県立第二高女の試験を受けるために、空襲の十日前、三月初めに神戸へ帰ってきた。

疎開地での毎日は〝戦地の将兵を思って〟を合い言葉に、耐久生活がしいられた。起床は午前五時半か六時。全員で神戸の方角に向かって、

「きょうも元気に過ごします」

と、両親に朝のあいさつ。庭に出て体操や家畜の世話をしている間に、寮母によって朝食の用意がなされた。

朝食後は一団となって登校。昼の間は比較的元気な子供たちも、夕暮れどきになると、しょんぼりしてくる。畑の手入れ、洗たくなどを終えて夕食が始まるのは五―六時。近所の家で〝もらいブロ〟をすませ、座学（自習）のあと、午後九時に消灯。

「つらかったのは、夜、神戸の方角へあいさつを送るとき。〝おやすみなさい〟が、初めのうちは言葉にならない。父母の顔がちらつき、さびしさと懐《なつ》かしさで寝床にはいってからも、思わず父母の名を呼び、枕を涙でぬらしたものであった」（川池小四十周年記念誌・四

年、岡田光生手記）

疎開先での食糧事情も深刻だった。

栄養失調から病気で倒れる子供が続出。先生たちは授業を放ったらかして、野菜や魚の買い出しに奔走した。

岡山県に疎開した西宮市今津国民学校五年生五十人分（男子）の献立表。

朝食　米がゆ（二・五升）みそ汁（五百匁）▽昼食　米がゆ（三升）煮豆（三升）▽夕食　米がゆ（二・五升）すまし汁（二・五升）

「薄い麦がゆに梅干しをつけて、名誉ある耐久生活が続いている。盛ってやるしゃもじを、子供らがじっと見つめる。今朝は腹が痛いといって、私の分を増配してやる。次室の子供がのぞきこむ」（芦屋市精道国民学校・松島正之助教諭）

という毎日だった。

アスピリンをお菓子と間違えてかみくだき、こん睡状態におちいった子供もいた。家から送られてきた慰問袋は、先生が検閲し、食べ物は平等に分けた。久しぶりに口にする、いり豆のご馳走も、腹が受け付けず下痢。それでも両親への手紙には、

「おなかいっぱい食べて元気です」

と書いた。

父親の武二さんが、兵庫警察署へ出かけて行ったあと、切戸町八四の家には祖母こふじさん（当時七十四歳）母親はじめさん（当時四十二歳）弟の英一君（当時六歳）妹保子ちゃん（当時二歳）それに喜代子さんの五人が残った。家は西宮内筋から御崎本町へ通じる商店街の真ん中で薬局をしていた。新開地と並んで、西神戸随一のにぎやかさを誇った商店街は、三メートル足らずの狭い通りをはさんで、ぎっしりと商店が並んでいる。

降りしきる焼夷弾の中を、喜代子さんらは北へ逃げた。父親の武二さんからは、

「できるだけ兵庫駅の方へ逃げろ」

といわれている。

足弱な祖母を助け、英一君の手をにぎると、保子ちゃんをおぶって駆ける母親のあとに続いた。途中、なんどか火煙にまかれた。群をなしていた人影がうすれ、喜代子さんらは、しだいに取り残された。

南逆瀬川町の四つ辻を、左へ折れる。三百メートルほど走って、兵庫電話局の地下室へ駆け込んだ時、祖母のこふじさんは、立っていられないほど疲れていた。いっしょにいた近所

の人たちは、焼夷弾の切れ目をぬって、次々と表へ飛び出していく。電話局の内部に火が回ったらしい。地下室へも、煙が吹き込んできた。

喜代子さんらは、地下室の片すみに身を寄せ合うと、煙から保子ちゃんを守るよううずくまった。一階の物置に火がつき、地下室の天井が焼け落ちそうになっているのも知らずに……。

燃える社屋に決別の万歳

午前二時過ぎに始まった空襲は、明け方近くまで、二時間以上にわたって執ように繰り返された。

B29の最後の編隊が、燃えさかる市街地に〝とどめ〟の焼夷弾を落としたのは、午前四時半ごろだった。

〈午前4時30分〉第三梯《てい》団の来襲あり、その数十機より集中投下されたる百数十発は、本社新旧両館に落下せり。時に水道止まり、水槽ことごとく空となり、消火全然不能、総務局、編集局へ落下したる焼夷弾はついに火災を起こし、漸次社内に延焼を始めたり。同時に竹中工務店工事場の猛火は新館に延焼、火勢猛烈をきわめ、またたくまに全社屋は猛火に包まれ、如何ともなし難きにいたる。（神戸新聞社「防衛日誌」）

当時、神戸新聞社は神戸区（生田区）栄町通にあり、三越と道路をへだてた南側だった。最後まで消火に当たっていた三十数人の社員に、富久敬之防衛団長（常任監査役）から、

「一同、神戸駅裏広場へ退避集合せよ」

の命令が出された。

一隊は発送口より社外へ脱出、他の一隊は玄関へ集まり、燃えさかる社屋に決別の万歳を三唱。肩を抱きながら、熱風と黒煙の中に突入、地面をはうように疾走して、およそ三百メートル西の神戸駅前へのがれた。

「道の両側は火の海。熱気で衣類が燃える。片手にバケツをさげ、頭から水をかぶりながら突っ走った」

至近弾で左足と目に重傷を負った芳賀知生記者（当時三十歳）は、駅前にたどりつくまで、自分のケガに気づかなかった。

神戸新聞社は、それまでに二回の焼夷弾攻撃を受けている。防衛日誌がつづる、その時の状況は——。

「午前三時二十分、第一次被弾あり。企画局長（別館）机横に一弾、総務局に二弾、二階廊下に一弾、別館食堂に数弾落下す。全員敢闘の結果、本館への落弾は全部発火に至らず消し止めたるも、別館は遂に発火す。これを消火せんとしたるも手不足のため、木館の防衛に全力を注がんため遺憾ながら炎上するに任せたり。……午前三時五十分、第二回被弾。新館の編集局ならびに新館と旧館との中間、先庭のひさしに一弾落下、総務局および二階廊下にも数弾落下したるも、全員必死の活動にて全部消火す。これより先、本社北側の民家が火災を起こし、折りから北風にあおられ、火勢猛烈をきわめ、新館北面に延焼のおそれあるため、発送口西側の貯水槽の水を壁側にそそいで防火に努む。……一方、本社東側の新聞掲示場前道路に放置しありたるコモ包みの新聞裁断屑に飛火し次々に発火す。よって社屋東側の貯水槽よりバケツリレーをもってこれに注水、消火せんとしたるも、延焼また延焼、これが消火のため団員極度に疲労す。そのころ神戸中央郵便局が炎上。熱風、渦を巻いて道路一面に吹きつけ、発送口にありたるトラック二台も危険となる。……社屋北側の猛火はついに本社新館西側に隣接せる竹中工務店工事場の木材に飛び火、炎上。活版部の外壁に延焼せんとす。よって階上の編集局の窓より外壁に注入せんとせしも、窓トビラを排すれば、熱風火炎を吹き込み、室内に延焼のおそれあり。火勢のためガラスは亀裂を生じ、消火困難をきわむ。……本社東側、製氷会社の一画の民家、社屋浜側の新築消防屯所、さらに鉄道線路をへだてたる日本倉庫事務所も炎上。本社の周囲は火の海となり、熱風、猛炎、黒煙の中にあって本社屋のみ毅然として残存せり、ときに黎明《れいめい》四時。団員一同、疲労困ぱいその極に達す。加うるに煙塵のため呼吸困難となり、消火活動意のごとくならざるも、全員まなじりを決し敢闘を続けたり。……」

空をこがす火柱の中に、焼け残った神戸駅の暗い影を見た時、芳賀記者は、左足に猛烈な痛みを感じた。

さわると、焼夷弾の破片が突き刺さっている。ホッと一息つくと、夜明けの冷気がぞくっときた。熱風も、ここまでは襲ってこない。グラマンの機銃掃射を受けたのは、その時だ。

「バババババーン」

路上に伏せた体を、おそるおそる起こしてみると、レインコートのボタンが二つ、弾を受けてひきちぎれていた。

折り重なる死体

午前六時——。悪夢のような夜が白々と明けた。

清盛塚南の道路わきにうずくまっていた三木谷君子さんは、焼けただれた体を起こした。

「弘子は、弘子の死骸は……」

衣類は焼けちぎれ、顔は油煙で真っ黒。焼けた両手は、はれ上がっておろすことができない。バンザイの形で両手を上げたまま、ものにつかれたように歩いた。第五橋を渡り、家の焼け跡に向って――。

御崎八幡神社の境内の、累々とした死体。裸で、うつ伏せに踏みつぶされた幼児の……。

「わが子ではなかろうか」

だが、どうしても顔を見ることができない。どれぐらいウロウロしていただろうか。勤務先の川崎航空機明石工場から駆けつけてくれた夫の嘉雄さんの姿を見たとき、君子さんは、その場で意識を失った。

体中にひどいヤケドをしている。翌日、戸板に乗せて近くの工場の病院へ運ばれたが、受け付けで、

「一般の人は駄目です」

と、追いかえされた。

その帰り道に、グラマン（艦載機）の襲撃。焼け野原で、身をかくす場所もない。

「待避！」

を叫ぶ、警防団員の声を聞きながら、夫の手をにぎって、機銃掃射に身をさらしていた。やっと兵庫病院へ入院できたが、ベッドもないまま、三日間、死体とともに廊下に寝かされていた。

負傷者の一部は、焼け残った病院や救護所へ運ばれたが、救援の手が届かないまま、路上で息絶えたものも多かった。

「未明から罹災による負傷者が無数に本院につめかけてきた。一つには、県立病院が焼失したとのデマもとんで、一層多数の負傷者がつめかけたのである。負傷者の中には、文字どおり無残な様相で、片足を失ったもの、片手を焼失したものなど、筆舌に現わすことのできない惨状であった。患者の中には、苦しさのあまり医師に安楽死を要求するものさえあった。……病院の全機能をあげて患者の手当てをし、廊下といわず、講堂といわず、足の踏み場もないほどに収容した。そして外科専門医だけでなく、平常メスを持っている医師はもちろんのこと、内科医、女医らも外科医の助手として、足の切断などを行なったのである。

（神戸市立中央市民病院四十年史）

下町の民家が密集した御崎本通りでは、逃げ場を失った多くの人が炎にまかれ、命を落とした。付近でただ一つの広場だった御崎八幡神社の境内には、百を越す焼死体が折り重なっていた。

御崎本町一丁目町内会長の白崎正義さんの記録によると、その数は百六十。狭い井戸の中も、底から上まで死体でぎっしり。第五橋のたもとで、避難者を制止していた警官も、刀をにぎったまま、境内に倒れていた。一丁目の犠牲者は、百十七世帯中百十三人を数え、市内でもっとも悲惨な状況を示した。

「神田源蔵（六人）崎山金次（六人）岡田等（六人）新井熊市（四人）大久保ムネノ（六人）……」

白崎さんの記録には「全滅世帯六」としるされている。

大輪田橋の下のトンネルの中で、九死に一生を得た竹内陽三さんは、火がしずまるのを待ってトンネルへ引き返した。

衣服が燃え、黒こげになった死体が、トンネルの通路に並んでいる。

「数えたわけではないが、四、五十はあったでしょうか」

妻いつさん、長女昭子ちゃんもその中にまじっていた。

運河に浮かぶ木材は、水面から出ている部分が、黒くこげてえぐれている。運河の中、大輪田橋と周辺の市電筋には二、三メートル置きに人が倒れていた。

遺体の収容は、警防団員らによって数日がかりで行なわれたが、運河の中から約四百、トンネルや橋の上を合わせると、大輪田橋周辺だけで五百を越す人が、命を失った。

奇跡の〝生〟

大輪田橋で意識を失った西村多満子さんが意識を取り戻したのは、実に十数時間ぶり、十七日の夕方になってからだ。

ふと、気がつくと、ムシロをかぶっている。体を起こそうとすると、後頭部が割れるように痛い。手も動かない。

多満子さんは、こわれものでも動かすように、自分の首をそろっと、回してみた。薄暗い中で、橋の上の光景が、だんだん視野にはいってくる。黒こげの材木や大八車、ボロ切れが散乱。二、三百メートル先に、同じようなムシロのふくらみが見える。

「だれかいる……」

と、思って目をこらすと、黒い棒のようなものが、ムシロからはみ出している。

黒く焼けこげた手だ――。その手が、記憶を徐々に逆転させた。

「そうだ。佳津子は……」

静かに息をひきとった、眠るようなわが子の姿が、瞼《まぶた》に浮かぶ。だが、いま胸元は、焼けこげた衣服がむなしく、キナくさいにおいを放っているだけだ。せめて遺体は――橋の上を見回してみたが、それらしい姿の身当たるはずもない。

熱風が吹き荒れていた時、大人でさえ、容赦なく運河へ吹き落とされた。意識を失った母親の手から、赤子の体をもぎとるのは、わけもないことだったろう。

切れぎれに、空襲時の記憶をたどりながら、多満子さんはうつらうつらしていた。意識はまだ、完全に戻ってはいなかったのだ。

国民服の男が、橋のたもとから近づいてきた。

「助けて……」

自分では声をかけたつもりだったが、か弱いうめきにしか聞こえなかったのだろうか。

男は黙って近づき、のぞき込むと、水筒の水を飲ませてくれた。そして無言のまま、遠去かった。

当時、この付近の焼死体を処理した警防団員の話を総合すると、大輪田橋など犠牲者の多かった地域では、焼損の激しい死体から神社や寺の境内に運び、残りはムシロをかぶせて運ぶ順番を待った。なかには、虫の息の重傷者もいたが、手のほどこしようがなく、苦しみながら息を引きとる人も多かった。

多満子さんも、もう少しで、死者扱いされるところだった。もし、一人の救護班員が、念をいれた見回りに出なければ……。

まさに〝地獄変〟絵巻

その、救護班員・稲田朝美さん（当時三十八歳）は、大阪市内で内科医院を開業していた。戦況が緊迫した十九年四月に、軍医予備員として大阪陸軍病院へ召集され、重症内科患者の診療に当たると同時に、大阪師団司令部直轄の第一救護班に所属していた。救護班は見習士官（医師）四名、衛生兵十名で編成され、トラック二台の医薬品と食料、毛布などを装備、空襲時の負傷者の救援を使命としていた。三月十三日の大阪空襲の際も出動し、多くの負傷者を助けた。

十七日未明、稲田さんは、陸軍病院で警戒警報のサイレンを聞いた。まもなく大阪湾をへだてて、西の空に真っ赤な火柱が上がるのが見えた。手早く準備をすませ、病棟の看護婦に出動を伝える。救護班の集合場所にかけつけると、すでに医薬品の積み込みが始まっていた。

午前五時、師団命令を受けて神戸へ向かった。トラックが神戸へ近づくにつれ、黒煙を背に逃げてくる人の群れとすれ違う。

救護班は、山手通のキリスト教会に本部を置いていた姫路師団司令部の指揮下にはいった。被害の大きさからみて、一刻も早く収容治療を始めなければならないのに、師団司令部は、

「状況がわからぬ」

の一点張りで、作業開始の命令を出さない。イライラして待つうちに正午すぎ、やっと第二班と第三班が出動した。素焼きの濾《ろ》過器を通して、川の水を一瞬に飲料水に変えることができる最新式の給水車は、水を求めて布引の方面へ移動していった。

稲田さんの属する第一班に、

「中之島地区ニ進出シ、所在ノ民、負傷者ヲ救出スベシ」

の命令が出たのは午後三時。早春の、日没の早さを考えると、命令が出るのが遅すぎる。

トラックは、市電筋を中之島へ。見渡す限り、一面の焼け野原。煙と異臭が鼻をつく。湊川神社も焼け落ちている。

中央卸売市場の郵便局に救護所を開設すると、衛生兵は担架をかついで町へ飛び出していった。次々と負傷者が運び込まれてくる。治療班長の吉岡忠夫見習士官（外科医）を中心に、応急手当てを行なう。手当てを済ませた負傷者は、トラックで交通局病院へ。平素ユーモアたっぷりの吉岡班長も、黙々と治療に専念する。目の回るような時間が、夕暮れまで続いた。

稲田さんはこの間、司令部、警察との連絡、病院の手配、ガソリンや食糧の補給に飛び回り、近くの交番に、たき出しの握り飯、毛布が山積みされているのを、被災者に配る手助けもした。

このとき、稲田さんが見た、救護所周辺の光景は――。

「中央市場の横の突堤には、不発のエレクトロン焼夷弾が一メートル間隔で、堅いコンクリートに突き刺さっている。先に重い鋳鉄がついているから、体に当たったらたまったものではない。大輪田橋の下の河岸に、黒い馬のすわった銅像がある。近づいてよく見ると、焼けた馬であった。大輪田橋の下には何十人と死体が重なっている。火吹き竹のように、この狭い通路を熱風が吹き抜けたのだ。……闇の中に、焼け残った倉庫が火炎をあげる。私は王朝美術の地獄変の絵巻を思い出した。仏教に言う、世の終わりには火の雨が降って、皆滅亡した後に、弥勒《みろく》菩薩が現われると、いつか、宇治黄檗《おうばく》山の案内の僧が述べた話にも近い。火の雨はほんとうに降るのだ」

ローソクの光で、病院へ提出する書類を仕上げると、負傷者を残らず収容したかどうか気になった。稲田さんの本来の任務は救出係長。事務の仕事にかかっていたため、若い兵長に任務をまかせ切りにしていた。

頭の中には、一つのエピソードが浮かんでいた。話は昔に飛ぶ。

日露戦争の黒溝《こくこう》台の戦闘のとき、ロシヤのミスチエンコ騎兵軍団の攻撃を受けて、日本の弘前師団が退却した。青森連隊の副官だった稲田さんの伯父《おじ》さんは、腹に弾《たま》を受けたまま、夕闇の戦場に放置された。ところが運よく、軍刀を捜しに戻った兵隊に助けられ、九死に一生を得た。

「まだ、暗闇の中で救いを待っている人がいるかもしれない」

帽子をかぶると、稲田さんは立ち上がった。郵便局から、すぐ前の運河にかかる大輪田橋を渡って対岸に出た。ところどころ残り火が燃え、焼け残りの倉庫の炎が、無気味に運河に映っている。途中、橋の上で、ムシロをかぶった円筒のようなものが目についたが、気にとめずに行き過ぎた。広い通りに立って、残り火をたよりに闇をすかしたが、人影はない。引き返そうと、向きをかえて、ムシロのところまで来た。

「焼死体と思ったが、何か気になった」

ムシロの上からゆすると、

「助けて下さい」

と、弱々しい声。モンペをはいた婦人だったが、衣類は、ちょっと手をふれただけでボロボロになるほど焼けこげている。脈をとり、胸に聴診器をあてると、心臓の動きはしっかりしている。

「これは助かる」

水筒の水を飲ませると、衛生兵を呼びに走った。

衛生兵が交代しながら徹夜で看病したので、翌朝になると、多満子さんはかなり元気を取り戻した。ポツリ、ポツリ、空襲時の模様を話す。

「大輪田橋の上に逃避していた町内の人たちが、爆弾と突風ではねとばされた。……自分もケガをして動けなくなり、生後まもない佳津子はどこかへ吹き飛ばされた。……一日中、通る人に助けてくれと頼んだが、だれ一人見むきもしてくれなかった。……先に逃がした六歳の欣也のことが気になる。……」

朝食が終わったあと、稲田さんは、欣也君を捜しに道場国民学校へ行った。一面、焼け野原の中で、学校だけが残っている。

「なんとかして捜しださないと、母親と別れて浮浪児になっては大変だ」

と、思った。

運動場や校舎には、避難者が群がっている。一人一人たずねるわけにもいかないし、統制のとれた本部もないだろうから、カンにたよるしかない。

「子供が一人でいるとすれば、職員室か応接室だろう」

と決めて、校舎の中へはいって行った。

部屋の中で、イスにすわって、両手に配給されたにぎり飯を持っている子供がいる。食べる気にもならないのか、不安そうに廊下の方を見ている。

「坊や、欣也君でしょう」

やっぱりそうだった。

欣也君を背負って、救護所へ向かう稲田医師の足どりは、昨日からの激務にもかかわらず、軽かった。

「あのとき、助けてもらわなかったなら、いまの私はない。欣也もどうなっていたことか――」

二十七年前の〝あの日〟を、じっとかみしめる多満子さん。六歳だった欣也君も、すでに二児の父親になっている。

廃墟の町

兵庫区水木通二丁目の自宅から、兵庫駅へ逃げた横田正造さん父子は、夜明けとともに菊水町九丁目の知人宅へ逃がした母親と奥さんを捜すため、新開地の三角公園のところまで引き返した。道の両側は余燼《よじん》がくすぶり、熱気が体にてり返す。家族の名前を呼びながら、焼け跡に立ちつくす婦人、魂がぬけたように道を歩く人たち。そんな人波の中で、妻房江さんを見つけた。

「混乱の中での奇跡的な再会。でも、そのときは不思議と感激しなかった。三人で知人宅を訪れたところ、母が来ていない。ダメかと思っていたところへ、ひょっこり母が現われ

ガード上をのがれる避難者の列（神戸新聞社提供）

た。四人そろって、初めて生き残れたという実感と、祖母をなくした悲しみがドッとふき上げてきた」

大輪田の北、兵庫区須佐野一丁目、真光寺境内の「亀の池」に首までつかって、

「生きたい……」

と、念じながら夜をあかした小林安子さん一家は、空襲がおさまるのを待って省線（国鉄）の兵庫駅へ向かった。駅の中は、被災者でいっぱい。電車はもちろん不通。

線路の上を被災者の列が続いている。明石の知人宅をめざして、安子さんらも、徒歩の列に加わった。四人が一列縦隊で、腰につかまりながら……。

「途中、空襲を受けなかった人たちから、水や食

べ物をもらった。からっぽの胃袋に、どれだけしみわたったことか——。あのときの親切は、忘れることができません」

明石で一家そろって外科病院に入院したが、母親かのゑさんは、頭に突き刺さった鉄片がもとで二カ月後に死んだ。父親の利吉さんも、安子さんの防空頭巾の火を消そうとして両手に大ヤケド。安子さんと妹玉江さんも、手にヤケドをしていた。

本堂、山門とも全焼した真光寺では、安子さんらとともに境内へ逃げ込んだ多くの人が焼死した。

——辻といわず溝《みぞ》といわず、折り重なった性別すら不明の死屍《かばね》の群れ。そして建て物の残骸から立ちのぼる白い余燼。神戸は廃墟そのままの姿で、そこに横たわっていた。焼け落ちた湊川神社西側の溝に、焦熱を避けて断末魔のもがきに死んだ、無慮幾百の死骸には、もう異臭が漂いはじめていた。(神戸駅史)

宇治川にかかる市電筋の橋の下で、子供たち二十五人の命を守った神戸真生塾の水谷愛子さんは、空が白むのを待ちかねるように、塾へとって返した。

鉄筋コンクリート二階建ての本館が、わずかに建て物の形をとどめるだけ。木造の別館二

明け方、焦炎に追われ、風下へ避難する市民の列はたえまなく続いた＝昭和20年3月17日、元町駅より西ガードをのぞむ（神戸新聞社提供）

棟《むね》は、跡形もない。

「焼け死んだ五人の子供たち、さぞ熱かったろうに」

まだ熱気の残る本館に立つと、胸がしめつけられる思いだった。

「せめて遺骨を」

と、焼け跡を掘り返したが、骨のかけらもない。子供たちがいた所の灰をすくって、近くの墓地に埋葬した。

神戸駅前の広場で、機銃掃射を受けた芳賀知生記者ら神戸新聞の社員は、放置されていた自動車の中で一息つくと、再び社屋へ引き返した。

社屋は本館、別館とも、完全に焼け落ち、鉄骨はアメのように曲がっている。ときに午前六時。

点呼をとると、発送課員の松本敏夫さん（当時十五歳）の姿が見えない。全員で焼け跡を捜したが、見当たらず、連絡員を残して、編集関係者は西灘国民学校へ、ほかのものは神戸市役所へ落ちついた。市役所二階にあった新聞記者室を借りて「神戸新聞社臨時本部」を置くと、さっそく新聞発行の作業に取りかかった。

目と足にケガをした芳賀記者は、火たたきの棒をツエに、相生橋西の民家に設けられた臨時診療所へ。医者が目を洗ってくれたが、焼夷弾の破片が突き刺さった右目を見て、

「こっちの目はあかんで――」

という。破片を受けた左足の手当てをしてもらい、ツエをたよりに、足をひきずりながら須磨区権現町の自宅へ向かった。

途中、新開地から大開通、西代通にかけて、焼死体が点々ところがっている。防火用水のなかでも、たくさん死んでいた。熱気で体がほてり、ノドがかわくが、飲む水もない。痛む足をひきずりながら、家についたのは夕方。午前八時ごろに市役所を出たのだから、十時間近くもかかったわけだ。

この空襲で、社屋を守っていた三十六人のうち松本さんら三人が死亡、六人が負傷した。

兵庫電話局に逃げ込んだ高瀬喜代子さんら五人の消息は、長い間わからなかった。父親の武二さんは、親せきや知人のところをたずね歩いた。学校に設けられた避難所や死体置き場にも足を運んだ。一日、二日とたつうちに、高瀬さんのあせりは深まった。

四日目、近所の人が、

「兵庫電話局の中で別れた」

と、教えてくれた。さっそく、その足で電話局へ。

残っていた人相書と衣類から、母こふじさん、妻はじめさん、二女喜代子さん、長男英一君、四女保子ちゃんの五人の死亡を確認した。死体は、すでに灰になっていた。

ちょうどその日、三月二十日は県立第二高女の入試発表日だった。発表を見に行ってくれた姪が、喜代子さんの合格を知らせてくれた。

「お父さん、わたし、きっと合格するからね」

と、口ぐせのように言っていた喜代子さん。だが、いまは、その喜びを伝えるすべもない。

「せめてもう四日、発表が早かったなら……」

押え切れない悲しみにふるえながら、高瀬さんはいつまでも、焼け跡に立ちつくしていた。

この夜の空襲で、神戸市内の死者は二千五百九十八人、負傷者八千五百五十八人、家屋の全焼全壊六万四千六百五十三戸。住む家をなくした市民は二十三万六千人にのぼった。このうち、もっとも多く死傷者を出したのは、民家が密集していた兵庫区の七千四百五十二人で、林田区の一千五百五十七人、須磨区八百六十人、湊東区四百三十二人、葺合区三百九十四人の順。罹災者の多かったのも、兵庫区の九万四千二百三人で、次いで林田区の四万三千二百二十人、湊東区三万五千七百二十四人、須磨区一万七千百六十五人、葺合区一万三千三百六十七人の順だった。

川西航空機爆撃（昭和二十年五月十一日）

沈黙破るB29の大編隊

三月十七日の夜間大空襲のあと、比較的平穏な日が続いた。

グラマンによる機銃掃射、B29一、二機による散発的な投弾、機雷投下は、数日置きに繰り返されていたが、編隊による本格的な空襲はカゲをひそめていた。

五月十一日早朝――。無気味な沈黙はB29の大編隊によって破られた。

雲の厚い朝だった。

午前四時半、警戒警報の、間のびしたサイレンに人々は眠りをさまされた。同五時、警報解除。人々はさほどの緊張もなく、再び眠りについた。

同八時三十六分、再び警戒警報のサイレン。そして九時五分、大阪、京都、兵庫に空襲警報が発令された。

〈9時37分〉岡山県ヲ行動中ノ敵機ハソノ後、兵庫県ニ入リ、篠山付近ヲ東進中ノ模様。

〈9時47分〉敵三十三機、大阪市ノ南方ヲ東北進中。……敵三十三機、大阪上空ヲ東北進中。……大阪ヨリノ敵機ハ神戸ニ向ッテ居ルカラ注意ヲ要ス。……敵機ハ大阪港湾地区ヲ狙ッテ居ル模様デスカラ警戒ヲ要ス。……敵機ハ○○ヲ攻撃中。（兵庫県商工経済会「防衛日誌」）

警察がやられた

その日、灘署外勤課の丹羽義雄巡査（当時二十六歳）は灘区岸地通にある警察の屋上で、砂煙に包まれた家並みを見おろしていた。

海の方からB29の編隊が迫ってくる。機体から真っ黒な爆弾がはき出されたと思うと、天地をゆるがすサク裂音。「ここは鉄筋コンクリートの建て物だから絶対に大丈夫だ」と、心の中で自分にいいきかせる。頭に菊水の日の丸を染めぬいたハチ巻き。警杖《けいじょう》を持つ手が汗でぐっしょりぬれていた。

「ドカーン」。耳をつんざく大音響とともに、署の建て物がグラグラと揺れた。

「やられた、警察がやられた」

コンクリートのかたまりが、いまにもごう音をたててくずれ落ちそうだ。

階段のどこを、どう降りたのか、気がつくと、地下の作戦室の前の床に、うつぶせになって頭をかかえていた。その間も、爆弾は容赦なく落下、そのたびにコンクリートの厚い壁がビリビリと音をたてる。

何分たったろうか――。三十秒ぐらいだったか、あるいは十分以上だったか、記憶にない。ともかく、爆弾の音が地鳴りのように遠のいたとき、丹羽巡査は恐る恐る顔を上げた。

薄暗い地下室は、砂ぼこりが充満して何も見えない。顔と服は砂で真っ白。目がほこりに慣れたとき、砂だらけの顔に目玉だけを光らせた同僚の姿があった。

そのとき「署長の奥さんがやられた！」の叫び。

警察署の南隣にあった署長官舎は二百五十キロ爆弾二発の直撃を受け、難波数男署長の夫人、松野さんが腕を吹きとばされたのだ。（数時間後に病院で死亡）

丹羽巡査が振り返ると、難波署長は、夫人の負傷を伝える声が聞こえたのか聞こえないのか、マユ一つ動かさず、救援活動の指揮をとっていた。

国鉄灘駅付近の惨状（神戸新聞社提供）

灘区役所吹っ飛ぶ

灘署と道路一つをへだてて北にあった灘区役所には、三発の爆弾が落ちた。

一階で事務をとっていた山田忠直さん（当時三十歳）は、空襲警報と同時に中庭の防空壕へ避難した。

ちょうど年一回、予備役軍人を集めて行なう簡閲点呼の日に当たっていたので、区長以下幹部は点呼に出かけていて留守。庁内では三十人余りの職員が仕事をしていた。

中庭の防空壕へはいったのは山田さんを含めて二人だけ。ほとんどの人は、もっとも安全と思われていた地下室へ逃げ込んだ。なかには、地下室の入り口あたりでウロウロしながら外の様子をうかがっているものもいる。

前日の雨で、防空壕の中は水がたまっていた。水にぬれないよう用心してしゃがんでから、わずか三十秒余り。

「ヒューン」という金属音を聞いて、反射的に目と耳をふさいだ。

「ドシャーン」。爆風で胸がしめつけられ、土の中で体がなんどかバウンドした。意識を取り戻したとき、壕の中はまっ暗だった。入り口が完全にふさがっている。鼻血が吹き出し耳がガンガンする。

わずかな光をたよりに、土からはい出してみると、木造二階建ての庁舎は、跡形もなく吹っとんでいた。

コンクリートにはさまれて、息絶えている人もいる。押しつぶされた建て物からは、早くも火が吹き出し、下に埋まっている同僚を助けることもできない。

「地下室の入り口に爆弾が命中した上に、火の回りが早かったため、中にいた人はむし焼きになった。区役所前の水道筋では水道管が破裂。道端にはケガ人がゴロゴロしており、その人たちを助けても手当てをしてくれる医者がいなかった」

と、救助にかけつけた西灘消防署の桑田吉夫消防士（当時三十四歳）は語っている。

――灘区役所に投下した一弾で外来者三名を含め三十五名の吏員が地下室に於いて即死。

しかも火災まで発生、民家にも類焼酸鼻を極めたり（灘署罹災記録）

マークされていた川西航空機

この日の空襲の主目標は、武庫郡本庄村青木にある川西航空機甲南製作所（現新明和工業）だった。

「きょうはあぶないぞ。十一日から三日間、空襲があると会社の人が言っとった。警報が出たら、すぐ逃げるこっちゃ」

この朝、中山時松さん（当時三十七歳）マサエさん（当時三十六歳）夫婦は、こういいかわすと前後して芦屋市呉川町の自宅を出た。

五月十一日には空襲がある、ということは、確実な情報として市民の間に伝わっていた。情報の根拠は――五月五日夜、神戸沖に機雷を投じていたB29六機のうち一機が撃墜され、落下傘をつけた飛行士の死体が本庄村海岸に漂着したが、その飛行士が持っていた航空写真だ。航空写真には攻撃目標、攻撃予定日、目的物付近の目印、ボタンを押す位置などが記入してあった。それによると川西航空機は五月十一日にマークされており、近くにある森稲神社の大鳥居が、目印になっていた。
このため、川西航空機ではジュラルミンを運び出すなど、機材の疎開を始めていた。

時松さんは川西航空機甲南製作所へ徴用で行っている。マサエさんは、同業者の芦屋青果協同組合員十五人と、川西航空機の東隣にある神戸高等商船学校（現神戸商船大）の船着き場へ船荷の配給野菜を取りに出かけた。

船着き場には、徳島県からタケノコを満載した木造船がすでに着いていた。大八車と馬力が並び、本山の業者も来ている。

来る途中で警戒警報が出た。留守番に残してきた三人の子供のことが気にかかる。夫のことばがイヤな予感となって思い出された。

「どうや、警報が解除になってから荷揚げせんか」

と、芦屋の組合長の清原教一さん（当時四十九歳）が、みんなの顔を見回した。

だが、そのときは「敵機ハ明石方面ニ向フモヨウ」の情報がはいっていた。だれもが「とにかく早く店へ帰りたい」と気ぜわしく作業を続けた。

芦屋と本山のタケノコを仕分けし、荷揚げ作業が八分どおり終わろうとしたとき「ブー、

鉄骨と化した川西航空機甲南製作所（左のマストは陸上練習船「昭和丸」の残骸＝藤田武夫氏撮影

ブー」と空襲警報。西隣の航空機工場の上空に、Ｂ29の編隊がもう迫っていた。

船のトモ綱も爆風で

「来たぞ！」の大声。

渡海仁英さん（当時四十二歳）はそのとき、積み荷を残した木造船にいた。とっさに船長室の横にあったドラムカンの陰に身を寄せた。

「あんまり急だったので、みな逃げる間がなかった。海へ飛び込んだり、大八車の陰に身をふせるのがやっと。爆弾の破片でドラムカンが裂け、私も全身油だらけ。爆風で船のトモ綱も切れた。そのうち目の前がまっ暗になってしまって……」

土煙と火柱。不思議と人声はなかった。

爆撃は四、五分間隔で三回続き、商船学校の食堂に火の手が上がる。そばの昭和丸（陸上訓練船）にも飛び火した。

運よく船着き場からのがれたマサエさんは、商船学校の門を飛び出し、同業の主婦二人と北へ走った。目の前で家がはね、飛び散る。ゆれる道に足がとられそうだ。焼夷弾を背中に受けた女の人が、炎に包まれ、溝の中に倒れた。

阪神深江駅付近まで逃げた。B29は山手の市街地もねらっている。

「ここにいてはやられる」と、マサエさんらは再び南へとって返し、旧国道（現第二阪神国道）を東へ。芦屋川を渡り、松浜公園内の防空壕へころがり込んだとき「やっと助かった」という実感がよみがえってきた。

息を静めるうちに夫のことが心配になった。無事に逃げのびただろうか……。

心臓までもぎとられる

この日、空襲したB29は、大阪湾の南、箕島付近に集結した八十機のうち六十機で、十数編隊に分かれて南から侵入、神戸市灘区と武庫郡南部地区（東灘）に一トン―二百五十キロ爆弾数百発を落とした。

マサエさんの夫、時松さんは、爆撃のとき、製作所の南端、第三組立工場で板金工として働いていたはずだった。

田中溥務さん（当時十六歳）も、臨時検査工として同じ工場にいた。

「私たちの班は、警戒警報で会社の外へ逃げた。そのときはまだ、社員専用の東門は通れたが、空襲警報と同時に東門はとざされ、西門だけしかあいていなかった」

このため東門で行き詰まり、逃げ道を失った人が多かった。

「工場内の防空壕にいた人が案外助かり、工場の外へ逃げた人のほうがたくさん死にました」

時松さんも逃げ遅れた一人だった。

朝のマサエさんとの約束を思い出して、夢中で走ったことだろう。だが、逃げ道をとざされ、工場の外へ出たときは爆弾の雨の中。どうにか阪神深江駅までたどりついたが、そこで直撃弾をくらった。

あくる十二日、マサエさんが本山国民学校で対面したとき、時松さんの体は、手も足も、心臓までももぎ取られていた。

この爆撃で、東洋一の規模を誇った組立工場は完全に破壊され、従業員の死者百三十八、行方不明九、重軽傷者は百二十五人にのぼった。

商船学校燃える

惨状をきわめた船着き場の、すぐ近くの防空壕に商船学校の小谷信市教官（当時四十二歳）がいた。敵機ハ明石へ向ツテイル——の情報を信じていたため「待避！」の号令が遅れた。

「五百人の生徒たちは、うまく避難しただろうか」

生徒たちへの思いが心をよぎったとき、B29の第三梯団が上空に達していた。

「シャー」という爆弾の音を背に、小谷教官は学校の前を流れる高瀬川に飛び込んだ。その日が当直にあたっていたので、胸に〝ご真影〟をかかえている。

「これだけは命にかえても守らなければ……」

橋の下に伏せると同時に、学校が吹っ飛んだ。

「木造の校舎が燃え上がるのを目の端にとめながら、山に向かって夢中で走った」

道の両脇に人が倒れている。阪神深江駅近くまできて振り返ると、ちょうど校舎が焼け落ちるところだった。

三十分後、〝ご真影〟を安全な場所に保管して、学校へ引き返してみると――。校舎の大半は灰燼に帰し、生徒たちのシンボルとして三本のマストのスマートな容姿を誇った陸上訓練船「昭和丸」も、まっ暗な残骸に変わっていた。

船着き場のダビット（ボートをつり止める装置）の陰で、荷揚げをしていた十数人が爆死、校庭には馬の死体が散乱していた。芦屋の青果業者の爆死者は七人。本山の業者を合わせると、船着き場での死者は二十人近くを数え、学校の職員、生徒の中からも数人の犠牲者が出た。

大活躍の女子学生救護隊

神戸高等商船が爆煙に包まれていたとき、山田千枝さん（当時十八歳）ら神戸女子薬専（現神戸女子薬大）の女生徒は、学校の裏山に伏せて、B29の通過を待った。つんざくような爆弾の破裂音。やがて「川西航空がやられた」の情報。ケガをした人たちが、どんどん山へ逃げてくる。

山田さんらは十人一隊で救護班を組んでいたので、空襲警報の解除を待って、避難所に当てられた本山国民学校へ走った。

校庭は血だらけの負傷者でいっぱい。重傷者を担架に乗せて甲南回生病院へ運んだが、そこも医師一人、看護婦が二、三人しかおらず、手が回らない。病室や廊下では、手当てを受けられない負傷者が出血多量で次々と死んでいく。

山田さんと同じクラスに、外科医の娘さんがいた。その人の指導で、シーツをさいて傷口の応急手当てをした。肉がさけて血がどくどくと流れ出し、手当ての最中にも何人かが息を引きとった。

「気が張っていたためでしょうか、不思議とこわさを感じませんでした」

――神戸女子薬学専門学校の救護隊は医療隊、担架隊を編成、七十の担架を血に染めながら負傷者の救護にあたり、三キロを往復し重傷者を学校に収容、かいがいしい働きをみせた。爆弾で飛散した犠牲者の一片の肉塊、手足までもていねいに拾いまわった。(神戸市史)

三十分たらず。悪夢のようなこの日の爆撃で、死者は実に千二百三人、負傷者は八百二十四人にのぼった。

神戸全市が灰燼に（昭和二十年六月五日）

敵機は三月の六倍

「昭和二十年六月五日（火）晴。午前五時三十七分、警戒警報発令。播磨より東進の一機は明石、神戸を経て大阪へ、阪神地方を旋回中。紀州沖に七目標近接の報あり。……六時五分、空襲警報が発令され、さらに潮岬、室戸岬南方海上に各数目標、目下紀州沖に集結中。阪神地方厳戒を要す等刻々に情報あり。続いて四国東南に十五ないし二十機近接の報はいり、情勢ただならず。七時半、わが上空に最初の二十機来襲すると見るや轟《ごう》然たる音響と共に市内各所に猛炎上がり、ラジオはばったりやんで水道断水……」（神戸市葺合区北部警防団副団長、上田浅一さんの「日記」）

三月十七日未明の空襲で半身不随に陥った神戸市に、追い討ちをかけた六月五日の大空襲は、こうして始まった。

「いつもと違う」

商店に囲まれた生田区三宮町一丁目、中川医院の防空壕で、中川靖子さん（当時十六歳）は、異様な気配を感じた。

「シュルシュル、ド

カーン」

　至近弾が防空壕をゆるがす。爆弾が耳の中で破裂するように、ガンガン鼓膜を打つ。焼夷弾の切れ目に、遠く近く、人のざわめきが聞こえてくる。

「ここはあぶない。早く逃げろ」

　だれかの叫ぶ声。壕を飛び出した靖子さんが見た空は、つい数分前と様相を一変していた。

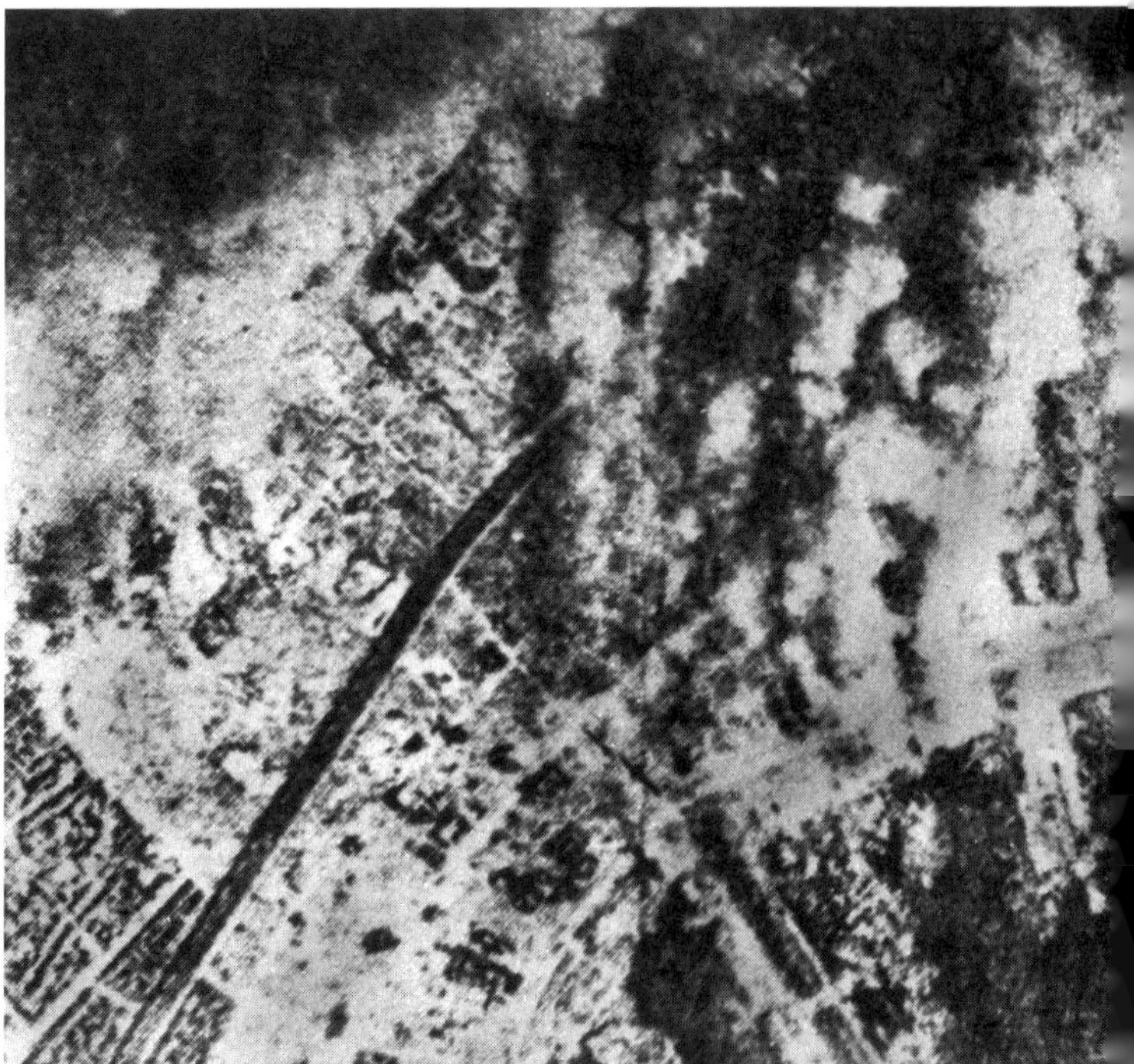

B29三百五十機の攻撃を受けて燃え上がる元町、三宮周辺と神戸港（昭和20年6月5日、米軍機撮影）

――この日の空襲は三月十七日の大空襲をはるかに越え、来襲敵機も六倍に近い三百五十機を数え、二十数編隊で来襲、大量の焼夷弾、中、小爆弾をもって執ように、じゅうたん爆撃を行なった。このため全市はたちまち黒煙におおわれ、二十機、三十機と来襲ごとにごうぜんたる爆音とともに猛煙があがり、火災旋風が渦巻いて火気と煙に息もできないほどものすごいものであった。（神戸市史）

低空で侵入した編隊

その朝、靖子さんは、内科、小児科医で三宮警防団の救護分団長だった父昇さん（当時四十七歳）母キヌさん（当時四十二歳）妹圭子さん（当時十三歳）の四人で、平和な食卓を囲んでいた。

弟の雅央君（当時九歳）と皓資君（当時六歳）は、国民学校の集団疎開で加古川へ行っていていないのが寂しいが、当時、貴重品だった白米がのった食卓は、豊かでにぎやかだった。

そのとき警戒警報。表にとび出した靖子さんの目に、青く透きとおった初夏の空を、真っ白なパラシュートがゆっくり落ちていくのがあざやかだった。

再び食卓に戻った時、追っかけるように空襲警報のサイレン。昇さんは、いつものように警防団本部へ。靖子さんらは、家の中に掘った防空壕へはいった。

二階には、祖母邦子さん（当時七十歳）が、持病の神経痛が悪化して寝ている。

「家が焼けるときは、一緒に死ぬ」

と、いい張る気丈夫な人で、これまでの空襲でも一度も避難したことがない。

B29一機が撃墜され、飛行士がパラシュートで降りるのは、多くの市民が目撃している。幾島武夫さん（当時二十七歳）は、葺合区生田町の自宅の二階から双眼鏡で、敵機の影を追っていた。B29の編隊が、高射砲の弾幕をバックに、銀翼をきらめかせながら近づいてくる。前へ後ろへ、子犬のようにまとわりついて、攻撃を繰り返す日本の戦闘機。地上砲火を無視するように、編隊はかなりの低空を進入してきた。

と、そのうちの一機に、高射砲が命中した。白い煙をはき、ガソリンを吹き出しながら海中へ。

「やったぞ！」

当時、大倉山の高射砲は、命中率が高い、ということが、市民の間で伝説のように信じられていた。

やがて、幾島さんの双眼鏡に、葺合区の工場地帯から山の手にかけて、もうもうと黒煙が上がるのが見えた。火炎こそ見えないが、一面に被弾している模様。十機、二十機と次次に

一面、廃墟と化した神戸の町（神戸新聞社提供）

侵入してくるたびに、黒煙は西へ向かって近づいてくる。

家族は警報発令と同時に、山の方へ避難させたので、家に残っているのは幾島さん一人。日ごろ訓練した防火活動を、多少でもためしてやろうと、防空壕の入り口から空を見上げていた。

黒煙は、もう家の近くにまで迫っている。その煙のすき間から、低空で突っこんでくるB29の翼が見えた瞬間、強風が竹ヤブをゆするような音。何百とも知れない焼夷弾が落ちてきた。

防空壕を飛び出して、家の中にとび込むと、屋根と二階の床を貫通した数発のエレクトロン焼夷弾が、一階の座敷の上で火を吹いている。用意したバケツの水をかけたが、火勢が強くて消えない。そのうちに、障子やふすまに燃え移り、部屋全体が火炎に包まれた。

黒煙に塗りつぶされた空

生田区三宮町一丁目の防空班長だった藤井吉昌さん（当時四十七歳）は、フトンと双眼鏡をかかえて、生田警察署の屋上にいた。

警察の真向いで「コーヒー一杯五銭也」の看板をかかげていた藤屋喫茶の主人。家族五人

廃墟となった元居留地のビル街（中山岩太氏撮影）　※中山岩太の会所蔵

を須磨区の郊外に疎開させたあと、一人で自宅にとどまっていた。

紀伊水道の方向から、B29十数機の編隊が近づいてくるのが見える。サイレント映画を見るように、音もなく白い煙が、神戸港の岸壁に立ちのぼる。大倉山陣地の高射砲が命中したのか、編隊の一機が白い尾をひいて海へ落ちた。

「やった！」

と、手をたたいたのも、つかの間。

「グワーン」

うなりを上げて、B29の大群が押し寄せてきた。

屋上から署内へ逃げ込むのと、焼夷弾が落ちてくるのと同時だった。ザーッという音を伴って、まさに焼夷弾の雨。

「カーン、カーン、カーン」

と、屋上やアスファルトに突きささる音。周囲の建て物から、次々と火の手が上がる。一人減り、二人減り、いつの間にか、あたりから人影が消えていた。

――この日、市街上空でわが航空機との間に激しい空中戦が展開されたが、なかでも第七、八突堤砂浜にあった十二インチ高射砲が威力を発揮。再度山北方の山中山田村、須磨付近、妙法寺川じり、第六突堤、都賀川じりで米軍機が撃墜された。(神戸市史)

青い空を塗りつぶした黒煙と、真っ赤な火の粉――。中川靖子さんがその朝、二度目に見た神戸の空だ。

家の前の道は、家財道具を積んだ大八車、フトンやふろしき包みをかぶった人で、ごったがえしている。リュックをかついだキヌさん、妹の圭子さんといっしょに、靖子さんも頭にフトンをかぶり、追い立てられるように群衆の中へもぐりこんだ。

生田筋へ出ると、警官が、

「風上へ逃げろ!」

と、北の方を指さしている。すでに周囲は火の海。大粒の火の粉が、渦を巻いて飛びかう。防空頭巾に火のついた女の人が、金切り声を上げて逃げまどい、主人らしい男の人が、火を消そうと後ろから追いかけている。

手を引いていた圭子さんは、恐怖で顔がひきつり、一言もしゃべらない。うっかりすると、知らない人について行こうとするので、腕の力をゆるめることができない。

「そんなときです。父にバッタリ出会ったのは」――

「これを持って逃げてくれ」

昇さんは、往診カバンと顕微鏡を差し出した。一度、家まで引き返して持ち出してきたようだ。

「患者をみることだけに生きがいを感じていた父らしい」

靖子さんが、とっさにそう思ったとき、昇さんはすでに人ごみにまぎれ、言葉をかけるヒマもなかった。これが、元気な父の姿を見た最後だった。

一坪に二十発の焼夷弾

「バッバッバッバッバーン」

焦煙の中を逃げる市民の列＝元町駅南で（神戸新聞社提供）

生田区加納町三丁目の市電筋に、焼夷弾の雨が降りそそいだ時、服部益三さん（当時十四歳）は、店の土間から外を眺めていた。次々と架線が切れ、シュシュシュ…と、火花が散る。白昼に花火を見ているようだ。

眼鏡店を経営していた父親の侑さん（当時五十歳）は、救援本部へ出ていて留守。家の防空壕には、母親八枝さん（当時四十五歳）と、四つになる弟の照夫君がいた。

店の前に落ちた焼夷弾に、シャベルで土をかけているると、裏から八枝さんの叫ぶ声。二階を突きぬけて台所へ落ちた一発が、燃え上がっている。

「もう、あかん。逃げよう」

ボストンバッグをぶらさげ、照夫君の手をひいた八枝さんをせきたてて表へ。

空をおおった黒煙で、あたりは暗い。市電筋を西へ走り、次の露地を北へ曲がった。

曲がり角のところに、若い男が倒れていた。腰に焼夷弾が突き刺さっている。幅三メートル足らずの狭い道、炭屋の倉庫から火炎が吹き出している。ひるむ二人をかばいながら、火の下を走りぬけた。

一宮神社の南、山本通りに面して、建て物疎開をした、三角形のあき地がある。広さはおよそ七百平方メートル。真ん中に、八メートル四方の、急造りの防火用水池があった。

「ここなら大丈夫やろ——」

二人を、池の堤にへばりつかせ、あらためて周囲を見回した。

燃え上がるわが家を後に、幾島武夫さんは、加納町の市電筋を北へ走った。かねてから待避場所は、布引の裏山と決めてある。

ちょうど、東極楽寺の西角を曲がったとき、背中に強い衝撃を受けた。なにか、ムチのようなもので強く打たれた感じだが、立ち止まって確かめる余裕はない。道路いっぱいに、多くの人が動いている。一人の警官が、車道に立って群衆を制止し、消火に当たらせようとしている。怒号とも悲鳴ともつかない叫び声を上げながら、逃げる人の波。その中に孤立した警官の姿と、手にはめた白い軍手が、妙に印象的だった。

背中の痛みは、いつか鈍痛に変わっていた。ものすごくノドがかわく。道ばたの防火用水に、首を突っこんだが、油の浮いた汚水は、飲めるはずもない。放心したように人の流れに加わり、生田川に沿って、裏山を登って行った。


そのころ、生田町防衛副本部長の紫雲真美さん（当時四十二歳）は、東極楽寺に近い本部詰め所にいた。生田町三丁目、西雲寺の住職で、寺には、汽船会社の寮生六十人が下宿している。国民学校一年生の長女隆子ちゃんは、近所の人に頼んで、布引の防空壕へ避難させてある。寺は、お腹の大きい、妻の政子さん（当時三十五歳）が守っていた。

突然、トタン屋根をたたくような音とともに、焼夷弾の集中攻撃。屋根、壁、道路……目の届くすべての景色が、一瞬にして炎に包まれた。もちろん、数えたわけではないが、

「一坪に二十発は、突き刺さっていた」

と、紫雲さんは、いまも確信している。

砂や火たたきなど、日ごろの防火訓練は、少しも役に立たない。

「何はともあれ、身の安全が第一だ」

とりあえず、残っているもの全員で、山へ逃げることにした。表へ飛び出したとたん、右腕に焼けるような痛み。焼夷弾の破片が当たり、肉がえぐれている。あり合わせの布で腕をしばると、少し遅れて、みなのあとを追った。

総勢七人。キズの痛みで、ともすれば足がにぶる。近所に住む山口弘子さん（当時十八歳）が、

「おじさん、がんばって」

と、声をかけながら、手を引いてくれる。

火煙に包まれた露地を通りぬけ、生田町一丁目の四つ角にさしかかった。一団となって、曲がろうとした瞬間、

「バチン」

と、はじけるような音。直撃弾だ。はね飛ばされた紫雲さんが、握ったままの弘子さんの手を強く引いたが、反応がない。他の五人は即死。

「ナムアミダブツ、ナム……」

片手をにぎったまま、念仏を三べんとなえているうちに、弘子さんは絶命。紫雲さんも、破片を受けた胸を押えて、その場で意識を失った。

――三月の空襲で戦火を免れた地区も葺合、生田、灘、須磨区の順に大被害を受け、栄町、旧居留地のビジネスセンター、元町、三宮一帯の商店街は火炎に包まれた。この日は五月晴れのよい天気だったが、神戸税関屋上から望む神戸の町は、黒煙がもうもう、目と鼻の先にある高架線（省線）以南がぼんやりと見える程度で、裏山は全く見えなかった。（神戸市史）

すぐかわく水びたしのフトン

どこを、どう走ったか――。

中川靖子さん母娘は、やっとの思いで、三宮駅近くの高架下にたどりついた。が、あたりは避難してきた人でいっぱい。柱の陰に身を寄せた三人に、髪をこがすような熱風が、容赦なく吹きつける。

アスファルト道路に落ちて、バウンドした焼夷弾が、ものすごい勢いで飛び込んできた。火のついたモンペをたたきながら、助けを求める女の人、大声で泣く子供。みんな口々にわめいているが、お互いにかまっておれない。

そのうちに、高架下へも火が回った。散乱した家財道具や衣類から、火がはじける。三

焼けくずれた生田神社付近（中山岩太氏撮影）　※中山岩太の会所蔵

人、手をつないで西へ走ったが、火の手は早い。ドサッと、火の粉が降ってきた。そこ、ここで、防空頭巾から炎が上がる。

靖子さんは、途中で、かぶっていたフトンを防火用水につけた。水を含んだフトンは、押しつぶされそうに重い。だが、それも二、三分……熱気で、あっという間に軽くなる。

元町駅の東口近くまで逃げたが、ここでも、火の粉は激しくなる一方だ。そばにいた男の人が、火勢の弱いときを見はからっては飛び出し、フトンに水をひたしてくれる。それでも、すぐにかわいて、ジリジリと身体がこげる。白昼というのに、空は黒煙におおわれて真っ暗。四方から迫る火炎のなかで、母娘三人、身を寄せ合って、うずくまっていた。

生田警察署を夢中で飛び出した藤井吉昌さんは、神戸株式取引所（現在の朝日会館）の前の電話ボックスに逃げ込んだ。道路に落ちた焼夷弾がはね飛び、炎を吹き上げている。わずか五十メートルの距離が長かった。

木製の、心もとないボックスだが、体を隠す場所は、ほかにない。狭いボックスに身を縮めた藤井さんの耳に、爆弾の破裂音が響く。ときおり、避難する足音や大八車のきしみが聞こえていたが、いつの間にか、それもぱったり途絶えた。

「バーン」

至近弾がボックスをゆるがすたびに、頭を持ち上げ、格子のスカシ窓から外をのぞく。こぶし大の火の粉、真っ赤に熱したトタンが、タツ巻きとなって舞い上がる。見渡すかぎり、炎、炎……。

「取り残された」

一人ぼっちの不安が、急に襲ってきた。

池の中の苦しみ

加納町の防火用水池のふちに、へばりついていた服部益三さん一家にも、火炎は迫っていた。

火の粉、というよりも、石つぶてのような火のかたまりが、音をたてて降ってくる。母親と弟を地面にうつぶかせ、手で水をかい出しては二人にかけていたが、その程度では熱気は防げない。プスプスと衣服から白い煙が上がる。

「このままでは、とても無理だ」

服部さんは、身をひるがえすと、池に飛び込んだ。中学校の水泳部員で、泳ぎには自信がある。急造りとはいえ、深さは二メートル以上。とても背はたたない。

立ち泳ぎをしながら、外の二人に水をかける。あたりはコーヒー色の煙がたちこめて真っ暗。周囲の民家は火柱のように

投下驛3000トン、東京大空襲を上回る焼夷弾攻撃で神戸の町は廃墟と化した＝生田区北野浄水池より葺合区を望む（神戸新聞社提供）

燃え上がり、棟が落ちるたびに、熱風がいちだんとひどくなる。

そんな状態が、一時間以上も続いただろうか。腕の感覚がマヒしかけたころ、突然、タツ巻きが起こった。

「グオーッ」

火炎に巻き込まれ、気がついた時は、三人とも池の真ん中に浮いていた。照夫君を背負った八枝さんが、足をばたつかせ、おぼれそうになっている。他に四、五人、池の中でもがいているが、かまっている余裕はない。服部さんは、息をつめて水中にもぐり、足を底につけて下から母親の体を押し上げ、池のふちまで運んだ。

小田正子さん（当時二十八歳）も、同じ用水池のそばに身を伏せていた。六歳と五歳の子供を連れ、二歳の茂明ちゃんを負ぶって煙の中を逃げたが、途中で二人の子供と離ればなれになった。

そこへ、突然のタツ巻き。気がつくと、池の中に吹き飛ばされていた。必死にもがいたが、子供を背負っているので、思うように浮かない。何度か底に沈み、そのたびに水を飲んだ。

「息ができない……もうだめだ」

目の前に、はぐれた子供の顔がちらつき、意識がもうろうとなった。と、夢中で動かしていた手に、何かがさわった。ひき寄せると、一枚の上ぶとん。そして、かすんだ目に、二、三人の人影が映った。

正子さんは、思わずその一人の、服のはしをつかんだ。それが、中学二年生の服部さんの制服だった。

「私がすがりついたので、あなたも沈みかけた。〝おばさん、たのむから離して―〟といわれたが、こちらも必死。つかんだ手を離さなかった。おかげで、親子ともどもおぼれずにすんだのです」

昨年九月、二十六年ぶりに、命の恩人に再会した正子さんは、こういって、服部さんの手にすがった。

しかし、この時は、服部さんも母親と弟を助けるのに夢中。

「池の中で、だれかにつかまれたような気もするが、はっきり覚えていない」

と、いっている。

市電九十八台が焼ける

「市電は市民に残された、ただ一つの足。三月十七日をはじめ再三の空襲で、施設、車両ともガタガタだったが、止めるわけにはいかない。あの日も、私は乗務していた」

神戸市電局勤務の岸本敏雄さん（当時三十九歳）が運転する市電は、大倉山停留所へ向かっていた。板宿車庫―大橋―和田岬―神戸駅前―上沢通を経て、板宿へ帰る環状路線で、この日、二回目の乗務。時間ははっきりしないが、神戸駅前で警戒警報を聞いた。

岸本さんは、無気味なサイレンに、首をすくめただけで運転を続けた。

爆撃を受け、噴き上げる煙は、真昼の空をどす黒く覆った＝昭和20年6月5日、諏訪山で（中山岩太氏撮影）　※中山岩太の会所蔵

「乗客をできるだけ家の近くまで送るため、警報が出ても電車は止めない」の指令と、市民の足を守るという使命感があった。

大倉山停留所を発車して十メートルも進まないうちに、空襲警報が鳴りひびき、停電した。電車は惰力で、楠町六丁目の交差点まで走ってストップ。

「キューン」

とたんに、空を裂く金属音。

「早く降りて、避難して！」

老人と婦人ばかり五、六人の乗客に向って叫んだ。

この時、岸本さんの脳裏を、二月四日の光景が、かすめた。じゅずつなぎの市電が、炎に包まれた四カ月前の光景が……。

その日は、警報が四回も発令された。潮岬から神戸に侵入したB29八十五機は、午後二時過ぎから二時間余にわたって、林田区と兵庫区、湊東区に爆弾、焼夷弾を投下した。攻撃目標は、川崎、三菱両造船所で、建造中の航空母艦二隻をはじめ、付近の工場、倉庫などが大きな被害を受けた。死者二十六、負傷者百。神戸にとって初の大空襲だった。

岸本さんは、その日も乗務中だった。楠公前で警戒警報を聞き、中之島まできたとき、空襲警報に変わった。逃げる間もなく爆撃。目の前で、じゅずつなぎになっていた四台の市電が、直撃弾を受けて燃え上がった。火だるまの車内で、乗客といっしょに、親しかった同僚たちも次々と命を落とした。


「こんどは、自分の番か」

乗客を車掌に誘導させ、近くにあった焼け跡の防空壕へ送り込んだあと、岸本さんは、そばのカラの防火用水に飛び込んだ。

「ガーン、ガーン」

焼夷弾が市電の屋根に命中、炎を吹き上げる。飛び出して、砂袋を投げて消火にかかった

とき、

「ドーン」

ものすごい破裂音とともに、軌道の敷き石にたたきつけられた。目の前に、真っ赤な火柱、土煙がおさまると、黒い穴がぽっかり口をあけている。乗客と車掌が逃げ込んだ防空壕は、跡かたもない。このとき吹っ飛んだ乗客の身元は、遂にわからずじまいだった。

加納町の三角公園の西側では、乗客がステップに足をかけ、市電に乗ろうとしたままの姿勢で焼け死んでいた。

「煙が立ちこめる中で、なにかばう霊を見ているような思いだった」

と、目撃者の一人は、語っている。

この空襲で、市電の架線はズタズタに切断されて全線不通。車両九十八台が全焼、十六台が半焼した。

数えきれない焼死体

三月の大空襲で焼け残った西神戸の須磨区でも、七百二十人の市民が、焼夷弾の下で命を失った。

岡田博孝さん（当時十三歳）は、両親、二人の姉とともに、須磨区衣掛町一の自宅前の防空壕にいた。壕は妙法寺川沿いの、道路わきに掘ってある。

「空襲警報のサイレンと、焼夷弾が落ちてくるのが同時ぐらいだった」

と、岡田さんは記憶している。

ものすごい火煙に、防空壕を飛び出したのはその直後。気丈夫な母親を先頭に、一列になって北へ。

「ブスッ、ブスッ」

無気味な音をたてて、足元に焼夷弾が突き刺さる。二百メートルほど走ると、鉄橋の引き込み線に機関車が止まり、客車が燃えている。

「これ以上行くと、あぶない」

母親の指示で、川の中へ飛び降りた。幅五、六メートル、小さな川だが、コンクリートの橋がある。岡田さんらがかけ込むと、すでに二、三十人の人が避難していた。

「はっきり覚えていないが、四、五時間はうずくまっていたでしょうか」

川沿いの民家が燃え上がり、熱風と煙で、目があけられない。すぐ北側のガードの上では、客車が火に包まれ、ガードに落ちた焼夷弾がはねかえって、橋の下へ飛び込んでくる。

ドロドロの川の水にフトンをひたし、頭からかぶって息をつめていた。橋の下からはい上がった時、あたりは一面、焼け野原になっていた。橋の上に、男の人が倒れていた。腹に巻いた貴重品がくすぶっている。少し離れて、半こげの女の人。橋をはさんで、川沿いの道路には、十人余りの人が、むし焼きの状態で死んでいた。

橋のすぐ南、鉄筋コンクリートの学校（現鷹取中学）が、遺体収容所になった。教室に並べられた焼死体は数え切れないほど。川を越えて、岡田さんの家の焼け跡にまで死臭がただよってきた。

「夜になると、真っ暗な教室の窓にローソクや線香の火がゆらいでいる。この世のものとは、思えない光景でした」

折茂安雄さん（当時三十四歳）は、須磨区磯馴町七の海岸の松林で、直撃弾をくらった。家族は疎開させてあったので、家に残っているのは自分一人。近所に落ちた焼夷弾を消して回ったが、火勢は強くなる一方。そのうちに、あたりに人影はなくなった。

「もうダメだ。浜へ逃げよう」

道路を越えて、砂浜へかけ降りた瞬間、

「ザーッ」

頭上に迫る焼夷弾の音。

「バッ、バッ、バッ」

四方に炎がはじけ飛んだかと思うと、その一つが顔を包んだ。

「目が見えない。なんとかしなければ……」

顔を砂にこすりつけ、夢中で動いたまでは覚えているが、あとは記憶がない。

焼死体のような状態で、二時間以上も倒れていたろうか。焼けただれた顔を上げたとき、視力は完全になくなっていた。全身にキリを刺したような激痛。衣服からはみ出た手首と足首が、ヤケドでふくれ上がっている。

「それからは、まさに生死の間をさまよった。十分に手当ても受けられない中で、よく助かったものです」

それからの一週間は、被災者収容所になっていた西須磨国民学校の講堂で寝ていた。家族へは連絡のとりようもない。応急手当てで、顔に包帯を巻いただけの治療。口がただれているので、水か牛乳しか受けつけない。

「講堂は三階にあり、負傷者のうめき声が満ちていた。それから後も、三度か四度、空襲があったが、キズの軽い人はサイレンが鳴ると、一階へ避難する。残っているのは、我我死にかけの重病人ばかり。なにか、地獄の中に取り残されたような気持ちだった」

一週間後、市役所に勤めていたこともあって、兵庫区松原通の市交通局の病院へ移された。

「こりゃ、ダメじゃないか」

医者が看護婦と話している。右腕のつけねが、化膿《かのう》して三倍ぐらいにふくれている。

「右腕を落とせば助かるかもしれんが、ここには手術をする設備がない。仕方がないから、このまま寝かせておけ」

包帯を巻きつけた耳に、医者のことばが、他人事のように聞こえた。

――この日の投下弾は百ポンド、七十ポンド、六ポンド油脂焼夷弾、四ポンドエレクトロン焼夷弾および中、小型爆弾で、アメリカ側の発表によると、約三千トンの焼夷弾を神戸地区に投じたとある。三月十日の東京大空襲の投弾量が千六百六十七トンであったのに比べて、約二倍の焼夷弾が、投下されたわけである。被害は全市に及び、生田、長田、須磨の各区役所が焼失（これで神戸市の区役所は全部戦火に罹り、住吉村役場も被弾全焼）市長公舎、布引市立美術館、灘銘酒の蔵元、生田神社ほか諸社、寺院などの多くが炎上した。また、中央電話局の市外局が焼失したため、市外との連絡は全く絶たれたが、この状況は大阪府警察部の伝書鳩によって、大阪府庁に伝えられ、時を移さず政府ならびに、報道機関に伝えられた。(神戸市史)

真っ黒に変わった遺体

タタミ一枚に十一十五発。生田神社の近辺では、神社の警護に当たっていた警防団員が、たばのような焼夷弾と、小型爆弾の下で倒れていった。

「▽生田警防団生田前分団長、岡本申一(当時四十七歳)。被害状況確認ノタメ率先分団員二人ヲ帯同、生田神社前ニ至ルヤ、第二波ノ攻撃ニ因リ、生田神社又業火ニ包マルル處トナリ、神社守護ノタメ団員応援方ヲ伝令セシメ、自ラ消火ニ活躍中焼死ス。……▽生田前分団副分団長、南部祐盛(五十一歳)。生田神社守護ノ分団長命令ヲ受領シタルモ、己ニ屯所脱出サへ不能ノ状態トナリシガ、神社守護ノ重大任務ニ突進ヲ以テ死スベシト拾壱名ノ団員ヲ引卒、自ラ猛炎ノ戸外ニ突進スルモ、無念爆弾炸裂シ、屯所前ニ於テ殉職ス。……▽生田警防団副班長、永井定雄(四一歳)。団長ノ命ニ依リ生田神社付近ニ移動スベク団旗ヲ捧ジテ他ノ団員ト共ニ移動中、一宮神社前西方路上ニ於テ焼夷弾ノ直ゲキヲ受ケ爆死シタルモノナ

異人館が建ち並んだ山手地区も焼け野原に（神戸新聞社提供）

り。……」

地獄のような惨状を伝える「兵庫県殉職警防員台帳」には、神社の周辺だけで、二十数人の名前が記録されている。中川昇さんも、その中の一人だった。

国鉄元町駅東口近くの高架下で、猛火を避けた中川靖子さん母娘は、まだ、父親の運命を知らずにうずくまっていた。

三人が、ススを塗りつけたガラス越しのような、薄暗い太陽を見たのは、正午を少し回ったころだった。

「父は、家に残してきた祖母は……」

火の手がおさまるとともに、不安がわき起こる。

「ともかく、学校へ行ってみよう」

空襲ではぐれた時のために、神戸国民学校を、待ち合わせ場所に決めていた。一面、焼け野原の中に、鉄筋校舎がポツンと残っている。だが、父親の姿はない。靖子さんらは、職員室で待った。

「ショックと疲れで、ボヤーッとすわり込んでいたが、ふと気づくと、すでに夕暮れだった。もしや、と不安が胸をしめつける。一方では、どこかに生きていると、確信に近い希望をいだいていた」

自宅の、三宮町二丁目付近の人たちが、生田警察署南側の日毛ビルに避難していることがわかり、三人はそちらへ移った。

母キヌさんは、気がたっているせいか、取り乱しもせず、しっかりした足取りで、夫の消息を聞いて回る。

「海岸通で見た」

「三宮駅の方へ逃げるといっていた」

顔見知りの、近所の人が希望をつないでくれる。だが、姿を見るまでは、安心できなかった。

そこへ「生田筋で遺体発見」の知らせ。キヌさん一人が、重い足取りで身元確認に向かった。

▽三宮警防団救護分団長、中川昇（四十七歳）。空襲下敵機ノ第一波ヲ受ケルヤ、団長命ニ従ヒ状況査察並ニ消火ニ努メ、本団ニ帰リシ時ハ猛火ニ包囲サレ、極力消火ニ努メタルモ遂ニ不及。危険トナルヤ女子救護隊員等ト共ニ避難スル様命ゼラレタルモ、身ヲ以テ消火ニ従事中、直撃弾ヲ受ケテ爆死ス。（兵庫県「殉職警防員台帳」）

靖子さんが、変わりはてた父親の遺体と対面したのは、翌朝になってからだ。枯れ木を焼いたように真っ黒。腰につけた救急袋が、体の下になり、名前の部分が焼け残っていたのと、水晶の印鑑が、わずかに確認できる手がかりだった。昇さんの遺体が見つかった付近では、二十数体が、折り重なるように黒々と横たわっていたという。

一昼夜ぶりに、たどりついたわが家は全焼。血清をとる、診察台の鉄製のワク組みだけが、赤茶けた姿で残っていた。

医院の横手にあった、コンクリートの防火用水槽。何気なくのぞき込んだ靖子さんの目に、乱雑にほうり込まれた本、ノート類が映った。とり出してみると、昇さんの筆跡。空襲のさなか、顕微鏡と往診カバンを取りに引き返した時、診察室にあった医学書やノート類を投げ込んだらしい。

焼け跡にポツンと残る北野回教寺院（神戸新聞社提供）

二階に、神経痛で寝たきりだった祖母邦子さんの遺体も、いまとなっては求めようもない。

「警防団の人たちに、祖母が寝ていたあたりを掘り返してもらったが、骨一つ見つからない。仏壇のあったところから出てきた、陶器のような破片を、お骨として埋葬しました」

大本営は、この日の空襲を次のように発表している。

「中央軍管区司令部発表（昭和20年6月5日10時）南方基地のＢ29約三百五十機は六月五日午前六時ごろより紀伊水道および土佐東南部においてて集結後、七時より約十機および三十機の編隊をもって紀伊水道を北進、阪神地区に侵入、約二時間半にわたり主として焼夷弾により神戸市および御影町、西宮市、芦屋市付近を攻撃ののち遂に北部地区、奈良、三重県を経て熊野灘より脱出せり。このため神戸市東部および西宮市、芦屋市に火災の発生を見たるも、民間防空陣の敢闘により逐次鎮火しつつあり、わが軍の戦果十時までに判明せるもの撃墜三十機以上、撃破六十五機以上にして、なお増加の見込みなり」

無気味な太陽

眼下に広がる火のじゅうたん――。

裏山を登り、北野浄水場まで逃げた幾島武夫さんは、マッチ箱のように燃える市街地を、放心したように見下ろしていた。B29はすでに西の方へ去り、爆撃による被害はなくなったものの、一面火の海。

これが自分たちの町だとは、到底信じられない。生きのびたという安堵《あんど》感も加わって、建て物の壁にもたれながら、やり切れない憤りを覚えていた。

何時間ぐらい、そうしていたであろうか。市街地の火勢がようやく下火になったので、重い腰を上げた。もたれていた壁が、血にそまっている。

「そうだ。ケガをしていたのだ」

はじめて背中の負傷を思い出した。

坂をくだっていくと、生田川の砂原は多くの避難民でごったがえしている。こげたフトンをかかえて、うずくまっている母子、泣くことも忘れて母親を待つ幼児……。だれもが虚脱したような表情で、家族を捜して求めている。

さいわい、元気な父親にめぐり会えた幾島さんは、その足で応急治療所へ向かった。治療所は雲中国民学校に設けられてある。そこも、多数の負傷者でいっぱい。長く待たされたあと、ヨーチンをぬり、上から三角布を巻くという簡単な手当てを受けた。

後になって、背中から直径三センチもある焼夷弾の破片が摘出されるのだが、このときは、

「単なる外傷で、大したことはない」

という、医者の診断だった。

約五時間、株式取引所前の電話ボックスにうずくまっていた藤井吉昌さんは、外へ出て、ゾッとした。見渡す限り、何もない。ポツンとボックスだけが、残っている。

「生き残れたのは、本当に奇跡だった」

その場に立ちつくしたまま、しばらくは動くことができなかった。

至近弾を受けて、路上で意識を失っていた紫雲真美さんは、通りかかった近所の人に助け起こされた。よろめく足で、布引の広場へ。小さな池につかって、頭からフトンをかぶっていた。

池には二、三十人が、同じように火煙を避けている。B29の主力は去ったが、それでも散発的に、焼夷弾が落ちてくる。池の水がわいてくるほどの熱気。暴れながら走ってきた二、三頭のハダカ馬が、目の前で直撃弾をくらって倒れた。

妻の政子さんと再会後、ツエを頼りに近くの救護所へ行ったが、左胸と右腕、足に負傷。赤くはれ上がった胸で〝お守り〟が真っ二つに割れていた。妊娠六カ月の政子さんは、水のはいったバケツを両手にさげたまま、生田川に飛び降り、水をかぶりながら火炎をくぐりぬけた、という。

空襲が始まってから五時間余り――。空をおおっていた黒煙が薄らいだとき、黒い空に、真っ赤な太陽が見えた。炎の中を逃げまどった紫雲さんらにとって、それはあまりに大きく、赤く燃えたぎっているように見えた。

「天地に異変が起こる」

無気味な太陽を見て、みなが四方に逃げ散った光景を、紫雲さんは、いまも忘れることができない。

——この日、旧市内の死者は、葺合区千四十一人、生田区八百十五人、須磨区七百二十人など計三千百八十四人。重傷千九百二十六人、軽傷三千八百九十八人。建て物全焼五万五千三百六十八戸、罹災《りさい》者二十一万三千三十三人に達し、人的、物的に神戸市最大の被害となった。また、御影、住吉、魚崎、本山、本庄の五カ町村でも、死者二百六十九人、負傷者六百七人を出した。(神戸市史)

神戸市内の被害状況

（昭和 20 年 2 月 6 日～ 8 月 6 日）「神戸戦災復興誌」より

	死者	重症	軽傷	全焼家屋	罹災者
灘	808 人	459 人	611 人	18,068 戸	74,102 人
葺合	1,134	238	1,067	22,441	81,360
神戸	58	39	81	2,649	8,911
湊東	433	3	7	9,861	35,304
湊	122	84		3,695	13,076
兵庫	1,250	4,227	2,342	24,235	98,294
林田	53	419	898	13,996	49,635
須磨	912	1,105	2,025	13,639	62,427
合計	**6,235**	**7,007**	**8,336**	**123,578**	**470,820**

※各区の被害数は身元が確認されたもの、届け出のあったものだけなので合計とは合わない。

■神戸空襲余話■

動物受難

猛獣殺せの軍部通達

空襲による犠牲は、市民ばかりでなく動物たちにも及んだ。

高射砲陣地のあった大倉山の近く、標高百六十メートル、神戸の町を一望に見おろせる景勝地の一角に、神戸市立諏訪山動物園があった。六月五日の空襲では付近の民家が焼け、動物園の間近にまで火炎が迫ったが、動物の檻《おり》は焼け残った。だが、檻の中を動き回り、子供たちの人気ものだった猛獣たちの姿は一頭も見られなかった。

話は二年前、昭和十八年にさかのぼる。その年の夏、東京の上野動物園がライオンやトラなどの猛獣を殺したのに続いて、大阪の天王寺動物園でも処分に踏み切った。

「空襲で檻が焼かれ、猛獣が逃げ出すと危険だ」との軍部の判断によるものだった。

諏訪山動物園についても、同年四月、猛獣処分の市長決裁が降り、飼育主任の松村豊吉さん(当時三十八歳＝故人)のところへ「猛獣を殺せ」の軍部通達が届いた。

昭和三年の開園当初から動物園で働き、猛獣をわが子のように可愛がっていた松村さんにとって、軍の司令は承服しかねるものだった。

「すぐに殺せ」

「殺すことはできん」

憲兵隊との間にケンカのような押し問答が繰り返された。そのうちに定期的にやってくる憲兵と顔見知りになり、世間話で時間をつぶすことも多くなった。処分を一日でも延ばそうとする、松村さんの苦肉の作戦だった。

欠乏してきた動物のエサ

ところが、八月にはいり、東京上野動物園で猛獣をおだやかな方法で処分した、との新聞記事が出て、事態は急迫した。

その後、あちらこちらの動物園で、猛獣を殺したというウワサが聞こえてきた。そのころになると、動物のエサも手にはいりにくくなり、二、三年前の三分の一ぐらいの量しか与えることができなかった。

九月二日には、市教育局長らによる動物園の視察が行なわれた。名目は空襲に対する備えを見るということだが、本当の意図は猛獣の処分をうながすための訪問だった。

西出園長は「動物園の周囲千メートル以内に爆弾が落ちた場合、すぐに射殺する準備はできている。さいわい、ここは山間にあり、山の横腹をぶちぬいて洞穴になっているので空の備えも十分。動物に対する心配はご無用に願いたい」と力説。

松村さんも檻の中にはいって、ライオンの頭をなでたり、ワニの背中をさすったりして「猛獣といっても、こんなにおとなしいものなんですよ」と訴えた。

日ごとに欠乏する食糧。松村さんらは手当りしだいにあき地を耕し、野菜を作ってはエサを調達した。吉岡長次郎さん（当時四十二歳）も、野菜作りに汗を流した一人だ。松村さんとともに開園以来、動物の世話一筋に生きてきた。

「松村さんや私にとって、動物は女房か子供みたいなもの。目のなかにいれても痛くないほど、可愛くて仕方がなかった」

軍部の催促に市が屈服

九月八日、神戸の相楽園で近畿動物園長会議が開かれた。

すでに猛獣の処分をすませた大阪（天王寺動物園）の発言がきっかけになって、活発な意見が出た。心情的には、動物をなんとか守ろうとする発言が大勢を占めた。

「世間では猛獣といえば、危険千万なもののとの観念が徹底しているが、ライオンでも檻から出て人間を見たら逃げる。それが動物の本能というものだ。殺すのは、いつでも殺せる。いかにして生かしておくべきかを考えることが、動物園としての本来の使命ではないのか」（名古屋）

と、松村さんたちの気持ちを、代弁してくれるような意見もとび出した。

だが、松村さんら関係者の願いも、長くは続かなかった。軍部からの矢のような催促に、まず市当局が屈服した。

「お前たちがやらないのならわれわれが手をくだすぞ」

憲兵隊のおどしには、それまで以上の執ようさが加わった。

九月末、アカグマ、ライオンなど猛獣二十頭の処分が正式に決まった。

九月十九日の神戸新聞は次のように報じている。

「猛獣よ極楽往生あれ――坊ちゃん、嬢ちゃん、諏訪山動物園のライオンや熊、豹《ヒョウ》など皆さんを喜ばせていた猛獣が、近く見収めになりますから、いまのうちによく見ておいて下さい。……処置の対象となっている動物は、ライオンでも一撃に倒すといどう猛な〝あかぐま〟が筆頭で、最初に槍玉にあげられるわけだが、その順位は①アカグマ一頭②日本熊③ライオン三頭④虎一頭⑤豹一頭⑥白熊二頭⑦ヌクテ一頭⑧ハイエナ一頭⑨大山猫二頭⑩ディンゴ犬一頭⑪ライオンの仔《こ》三頭などとなっている」

二十頭をしめ殺す

「どうしても処分しなければならないなら、せめて自分たちの手で殺してやりたい。一番苦しまない方法で…」

松村さんらが、わが子のように育ててきた動物たちに示してやれる最後の愛情だった。各地で行なわれた毒殺は、口から血をはき、ころげ回って苦しむ。動物たちが苦しむ姿は、想像するだけで耐えられない。

「いっそ、ひと思いに絞め殺そう」――考えぬいた末の結論だった。

檻の中にエサを投げいれる。天井から輪を作ったロープをたらし、一心にエサを食べている動物の首に巻きついたとき、六人の飼育係が一斉にロープを引いた。

「エサが少なかったので、すぐにひっかかりました。四つの足が宙に浮くまで引っ張ると、ロープの端を棒くいにゆわえて、詰め所へ逃げてかえりました」

ただ一人の〝生き証人〟吉岡さんは、そのときの模様を話すとき、いまも涙ぐむ。

「動物たちも死にもの狂いやから、だいぶ引きずられたりしたが、こっちも必死。〝かんべんしてくれよ〟心の中で叫びながら、目をつぶって引っ張った。三十分ぐらいして、こわごわ戻ってみたら、やっぱり死んどりました」

死ぬときの苦しみをだれにも見せたくないと、吉岡さんらは憲兵隊の立ち入りを許さなかった。

もっともどう猛といわれたアカグマを皮切りにライオン、トラ、ヒョウなど十三種、二十頭が次々と処分された。芸が上手で、子供たちに人気のあった白クマも死んだ。首がしまって絶命するまで三分か五分、白クマが一番長く、七分かかった。

明石空襲

川航明石工場の爆撃（昭和二十年一月十九日）

連日の警報に〝ぼやき〟

神戸が焼夷弾を主体にした都市無差別空襲だったのに比べると、明石の空襲は軍事目標をねらった、大型爆弾による工場爆撃だったといえる。それだけに死傷者の数も多く、航空機の生産に従事していた労働者、勤労学徒が、爆風の下で若い命を失った。

昭和二十年一月十九日。

朝から、春を思わせる暖かい日ざしが照りつけ、午後のけだるい空気が職場をおっていた。川崎航空機明石機体工場の学徒掛だった川口陽之さん（当時十八歳）は、豆かす弁当を

B29の爆撃を受けて燃え上がる川崎航空機明石工場＝昭和20年1月19日、明石警察署屋上から

たいらげ、仕事に取りかかったばかりだった。

「ウゥー、ウゥー……」

一時を少し過ぎたころ、間のびした警戒警報のサイレンが鳴りひびいた。

「また警戒警報か。去年の暮れから退避ばかりで、生産はガタ落ち。今月は五十機も完成しないんじゃないか」

連日の警報に、つい、ぼやきが出る。昨年の九月ごろには、一カ月に百機を越す航空機を生産していた。

「女子学徒を今ごろから明石公園まで退避させたら、解除になって帰ってきても五時になる。むこうで解散だな」

と、同僚の一人がつぶやく。

「君は明石公園担当で大変だな。四、五十分はかかるからなあ。ぼくは飛行場の西だから十五分で行ける。しかし、君のほうは女学生、ぼくの担当はいうことをきかない中学生、こっちもしんどいわ」

川口さんは、壁にかけていた鉄カブトを首にかけて、学徒掛の部屋を出た。

当時、川崎航空機明石工場には機体工場と、その北側に発動機工場があり、両方で三万八千人が働いていた。このうち機体工場での勤労学徒は五千人に達していた。

〈13時15分〉警戒警報発令。〈13時24分〉中部地区空襲警報発令。〈13時25分〉大阪付近ノ高射砲ガ修正射撃ヲ行ヒマスカラ注意ヲ要ス。〈13時36分〉潮ノ岬南方海上ヲ北ニ進ム三ツノ編隊アリ。（兵庫県商工経済会「防衛日誌」）

爆撃だ！　伏せろ！

途中で連れだった県立神戸商高の教師三人と飛行場のところまできたとき、

「ウゥー、ウゥー、ウゥー」という断続音のサイレン。空襲警報だ。

それまで、のんびりと歩いていた川口さんは、一キロほどある飛行場を走った。飛行場西端の、藤江川支流の暗渠《あんきょ》には、明石中学などの男子生徒五百人が避難することになっている。

暗渠の上の土堤につくと、二、三人の生徒が東の空を指さしている。見上げると、小さなメダカが七、八匹、泳いでくるような感じで、進んでくる。

「B29だ、暗渠にはいれ!」

警戒警報が発令されてから空襲警報までわずか九分。紀伊半島上空から七梯《てい》団に分かれて侵入したB29六十三機は、阪神地区を爆撃すると見せかけながら突如、進路を西へ向け、明石上空に殺到した。

「あれはなんだろう」

先頭のB29から、まっ赤な火炎を吹き出しながら何かが落ちてくるのが見えた。高い上空からまっすぐに――。

「ゴォー……」

急行電車の走り過ぎるような音。発動機工場付近に「パッ、パッ、パッ」と稲光のようなものが走り、ものすごい黒煙が吹き上がった。大地をゆるがす爆発音。

「爆撃だ、伏せろ」と叫んで、川口さんは土堤の上に残っていた生徒とともに、うつ伏せに倒れた。

破裂音はそれっきりとだえ、無気味な静けさが戻ってきた。ねころんだまま顔を上げると、B29の編隊は、すでに西の空に達していた。

暗渠の入り口は、逃げ込もうとする生徒と、外を見ようとするものとでごったがえしている。

一人の教師が土堤をかけ上がってきた。

「本物の空襲です。発動機工場に命中しましたが、火炎も起きていないし、大したことはないようですよ」

と、話しているうちに、再び東の空に七、八機のB29が見えてきた。

手足がちぎれた中学生

「第二波だ。すぐにおりて下さい」

叫び終わらないうちに、東の上空九十度ぐらいのところに、黒い〝マメツブ〟。それがみるみるうちに卵ぐらいになり、リンゴ大にふくれた。

初めての経験だったが、川口さんは「爆弾だ」と直感した。

「ヒュルーン」

耳を引きさく音。伏せた背中に、バラッバラッと泥がふりかかる。一発だけのそれ弾、とわかるまでに、何分かが過ぎた。

「負傷者はいないか」

暗渠の入り口から五十メートルほど西南の田んぼに、直径二十メートルぐらいの穴があいている。土堤をかけおりると、爆弾で盛り上がった泥の陰に、一人の生徒がうめいている。発動機工場の四中（県立第四神戸中学）生だ。足首から吹き出した血が、泥にまみれている。

「四中の先生はおらんのか、四中の生徒は出てこい」

暗渠の入り口に向かってどなりながら、両脇の後ろから手をさし込み、少し高地になっている松の下へ引きずっていった。うめいてはいるが、意識を失っているので何もいわない。

「掛員どの」

突然、後ろから大きな声で呼ばれた。「〇〇君が、〇〇君が……」と、生徒の一人が、川口さんの手を気が狂ったように引っぱる。

穴の反対側まで行くと、一人の四中生が倒れていた。手がもげ、足がちぎれかけているが、その割には血が出ていない。そのまわりに、二、三人の生徒が、放心したように突っ立っていた。

四編隊で波状攻撃

その少し前――。宝迫静男さん（当時十九歳）ら広島工専の学生たちは、和坂《かにがさか》のあぜ道に伏せて、やはり先頭の指揮官機から紅蓮《ぐれん》の火の玉が落下するのを目撃している。

爆弾は、空中に弧をえがいて工場の東端に落ちた。

「ビリ、ビリ」と地面がゆれ、伏せていた体がグーンと持ち上げられる。「ダダ……ン」。火柱と大黒煙が瞬時に上がるのがチラッと見えたが、あとは生きた心地もなく、目と耳を押えていた。

第一編隊が通過すると、夢中で北へ走った。工場のあたりには、すでに火の手が上がっている。

みるみるうちに、次の編隊がきた。まさに波状攻撃だ。再び起こるごう音、大黒煙。

警戒警報のとき、あれほど上空を飛んでいた友軍機は一機もいない。

「ゴッゴッゴッ……」

かぶさるような爆音とともに、第三編隊がきた。引き続いて第四編隊が……。

爆弾は市街地へも容赦なく落ちた。

生田一郎さん（当時十五歳）は、山陽電車大蔵谷駅に近い大蔵八幡町の自宅にいた。警防団員の父親は、警報発令と同時に出動。母親は前夜から伊川谷の実家へ帰っていた。おばあさんを自宅の前の防空壕に避難させ、壕の入り口に立ってB29の編隊を見上げていた。と、吸い込まれるように落ちてくる黒い物体――。

反射的に壕に飛び込んだ生田さんは、耳をつんざく大音響とともに地面にたたきつけられた。砂煙でなにも見えない。砂煙が薄らいだとき、壕から十メートル離れた自宅は、跡片もなく吹っとんでいた。

――被弾区域は船上、林、小久保、大蔵町、大久保町のほか隣接の玉津町、伊川谷村にも及んだが、川崎航空に近い小久保地区が家屋の被害や死傷者の数（死亡四十九、負傷二十六）において圧倒的に大きい被害を受けた。（明石市史）

三百発の爆弾が落下

「なにがなんでも、医者か看護婦を連れてくるんだ。でないと、あの生徒が死んでしまう」

自分自身にいいきかせながら、川口陽之さんは、飛行場北端の雑草の中を走り続けた。半分ほど来たとき、自転車が一台倒れているのを見つけた。それに乗って走り出そうとしたとたん、三度目の爆撃が襲ってきた。

飛行場の真ん中なので、隠れるものがない。やむを得ず、その場に伏せたが、爆発音は、二度目の至近弾のときとは違っている。背中に泥もかからない。

「助かった」

フルスピードで自転車を走らせ、五百メートルほど南にある飛行機の退避壕へ逃げ込んだ。

四度目の爆撃が、Ｂ29の数も一番多く、爆発音も長く続いた。

一度、至近弾をくらうと、落下地点の距離が判断できるようになるらしい。盛り土のすみにへばりつきながら、

「落下地点は離れているぞ。直撃弾はこんな音じゃない」

と、工員たちを励ます。しかし、足がすくんで頭が上げられない。

後でわかったことだが、この最後の爆撃では、三十機のＢ29から三百発の二五〇キロ爆弾が落とされた。

和坂を北へ逃げた広島工専の学生たちは、一瞬の差で爆弾の雨からまぬがれている。途中

の防空壕にはいらずに、走ったのがよかったのだ。

和坂から玉津町吉田にかけての台地には、百余りの防空壕が掘られてあり、社高女、和歌山高女など寮生活をしていた女子学徒が避難していた。

その一つが直撃弾を受け、なかにいた田辺家政女学校（和歌山県）の十二人が生き埋めになった。

鉄かぶとをつけた首

最後の爆撃を、退避壕の中でやり過ごした川口さんが、自転車を起こして診療所へ向かっているとき、明石の町のほうから警報解除のサイレンが聞こえてきた。工場のサイレンは電源がやられて鳴らないらしい。

工場の通路までくると、スレートやガラスがばらばら落ちていて、自転車が走らない。やっとの思いで診療所の近くまでたどりついたが、

「全然ない。おかしい」

直撃弾をくらって、建て物は完全に吹っ飛んでいる。わずかに西の壁だけが少し残っていた。

爆撃が始まったとき、診療所では盲腸の手術が行なわれていた。

爆撃のあと、救護班の一員として現場へかけつけた田上ゆみさん（当時二十二歳）は、次のように書いている。

「工場内の診療所では盲腸の手術中だった。医師も看護婦も焼け死んだが、顔が水ぶくれになっているので判明しにくかった。看護婦はみな白衣なので、私服のはし切れでも捜すということができず、入れ歯などでやっと身元がわかった。

I先生は顔を知っていてよくわかった。O看護師はなかなか判明がむずかしかった。婦長は〝Kさん助けて……〟と叫んだということだが、焼け落ちた材木の下敷きになって、逃げる格好で両手をさし出していた」

「どうしよう……もう一度生徒の壕まで引き返そう……それしかない」

発動機工場内の通路を通って正門に向かうと、どの建て物も惨たんたる状態だった。肉片が十メートル以上ある鉄骨にぶらさがり、その下の建て物の入り口には、鉄カブトをつけた首がころがっている。何百人死んでいるかわからない。ものすごい死者がいる、と思った。

悲惨さに大声で泣く

国鉄西明石駅近くの歯医者で、包帯とオキシフルをもらって、川口さんが暗渠のところへ戻ると、四中の先生が二、三人きている。ケガ人は最初のまま松の木の下にねかせてあるが、五人ほどにふえている。

「オキシフルと包帯です。先生方で手当てしてください。診療所は直撃でやられ、医者も看護婦も見つかりません。本店のビルは助かっていましたから、タンカを取りに生徒を帰らせてください」

と、だけ告げて、すぐ南に集まっていた県商の生徒のところへ逃げた。

「逃げた、というのが本当で、むごい死体になっている生徒を正視できなかった。ケガ人のうち何人かは死んでいるのがわかった」

と、川口さんはいっている。

この時、爆死した四中生は三年生三人だった。

——この日の爆撃では二五〇キロ級爆弾五百三十一発が投下され、市内の死者は三百二十二人を数えた。川崎航空機工場の犠牲者は二百五十三人（男百五十四、女九十九）建て物全

焼二棟全壊九棟《むね》、破損二棟、飛行機六十六機が破壊された。（明石市史）

工場内の惨状を、田上ゆみさんは手記の中でつづっている。

「工場の中にあった男子寮が鉄筋で形だけ残っていたので、死体安置所になった。バラバラの手や足、首をひろって遺体をととのえる。さいわいに衣服が残り、胸の名札の読める人はよかった。姓名のわからない人は、遺族に顔を見分けてもらうより仕方がなかったが、その顔さえ判明しない人もあった。服は全員国防服。夜がふけてできる限り腕の一本でもと捜していると、やわらかいものにつまずく。バラバラになった肉片である。

翌日、近隣の村々から消防隊や警防団がたくさん来て、生き埋めになっている壕を掘ったとき、二十歳ぐらいの青年が一番に飛び出して、木が倒れるようにパタンと倒れた。〝生きていたのだ〟とかけ寄って……。だが、冷たかった。とっくに死んでいたのだ。

そういえば、飛び出した格好もおかしかった。これはだれも説明のできないことだった。また、爪がほとんどなくなるまで、コンクリートの壁をかきむしって、指の骨までつぶれている人が数人もいた。ぎっしり詰まった壕の中で……。辛かっただろう。戦争に負けてはならないと気を張りつめていた私たちは、余りの悲惨さに大声を上げて泣いた」

お母ちゃん、こわいよー

夕闇が迫るころ――。和坂の爆撃現場では、生き埋めになった女生徒の救出作業が始まっていた。

壕の入り口に爆弾が落ち、完全につぶれている。おそらく生存は絶望と思われた。数人の田辺家政の女生徒が泣きながら、埋まっている友だちの名前を呼び続けていた。

神風のハチ巻きをつけた女子勤労学生。上田淳子さん＝後ろ、左から二人目＝も、大久保の真空管工場に通っていた＝昭和20年1月5日、工場内の神社で

その、すぐ隣の壕に、明石高女二年生の上田美樹子さん（当時十四歳）がはいっていた。夕方になって、明石市上ノ丸三丁目の家に帰ってからも、美樹子さんは空襲のことはなにもしゃべらなかった。母親のとみさん（当時三十九歳）と姉の

淳子《あつ》さん（当時十六歳）に、

「もうちょっとで、私の壕に爆弾落ちるとこやったんよ」

と、いったきりで、青い顔をして炬燵《こたつ》にあたっていた。

その晩、美樹子さんは悪夢にうなされ続けた。

「お母ちゃん、こわいよー」

汗ばんだ手で、必死に、とみさんにしがみついてくる。

その、美樹子さんも、六月九日の空襲で〝帰らぬ人〟になった。

上ノ丸の惨状（昭和二十年六月九日）

まさか、こんな田舎へは

その日、上田淳子さんは、明石市上ノ丸の自宅を朝六時ごろに出た。動員先の真空管工場は大久保にある。七時前に明石駅へついたが、下り列車はいずれも超満員。二台目の列車を見送った直後、警戒警報のサイレンが鳴った。

「駅にいるとあぶない」と思った淳子さんは、小走りで家へ引き返した。

昭和二十年六月九日。

明石は一月十九日の川崎航空機爆撃に続いて、二度目の空襲に見舞われた。

――午前七時五十分、警戒警報の発令あり。続いて空襲警報のサイレンが鳴りひびく。紀伊半島へ十七目標接近の報あり。（上田浅一氏「空襲日記」）


朝から美しく晴れわたった日で、初夏の太陽がまぶしく照りつけている。

上田とみさんは、前の日に神戸の姉から大八車で運ばれてきた十枚ばかりの冬ぶとんを、家の横の草原にひろげていた。明石公園の北側に位置する上ノ丸は、明石市の最北端、あと百メートルも行けば明石郡（現神戸市垂水区）で、広い畑の中に民家が点在し、樹木の多いことでも有名だった。

「いくら空襲がひどくなっても、こんな田舎《いなか》にまで爆弾を落とすわけがない」

空襲警報が出ていたが、とみさんにはまったく不安はなかった。

家には駅から引き返した淳子さんと、学校から帰ってきた二女の美樹子さん。それに数日前（六月五日）の神戸の大空襲で、長田区西尻池町の家を焼かれて避難してきた母親よしさん（当時七十七歳）がいた。父親の亀太郎さん（当時七十九歳）は警報が出ている最中に「麦を刈るカマを借りてくる」と、淡路の親せきへ出かけて行った。

美樹子さんは、一月の爆撃で恐ろしい目にあっているだけに用意がいい。バケツに水を張っては、部屋の中に置いて回る。姉の淳子さんはこわいもの知らずで、美樹子さんの注意にもかかわらず、家に帰っていればもう安心――と縁側で本をひろげていた。

とみさんは、向かいの家でラジオの情報に耳をかたむけていた。

「まさか、こんな田舎へは……」の気持ちとは裏腹に、次々と流れる情報が気にかかる。

と、十時前になって、中部軍情報が突如、Ｂ29のコース変更を報じた。

「播磨灘ニ向カッテイタ敵編隊ハ、方向ヲ東ニ変ヘ阪神間ニ向カッテイル」

「これはおかしい」

不吉な胸さわぎを覚えたとみさんは、家にいる淳子さんらに知らせようと表へ出た。耳をつんざく爆音――。見上げると、明石公園の樹木の間に、Ｂ29の銀翼が光っている。その怪物のような巨体から、まっ黒な物体がはき出されるのが見えた。

十六人全員が即死

一月の爆撃で、大蔵八幡町の自宅に直撃弾を受けた生田一郎さんも、ラジオの情報を聞いて、油断をしていた一人だ。

それまで、Ｂ29の編隊は紀伊水道を北上し、西へ向きをかえて神戸、明石を襲うのが〝お決まり〟のコースになっていた。

「きょうは播磨灘を北上しているのだから、岡山あたりへ向かうだろう」

その年の春、人丸国民学校高等科を卒業した生田さんは、勤労動員で通っていた「きしろ発動機」＝明石市硯町＝にそのまま就職した。見習い研修生という待遇で、同じ高等科の卒業生、四国からきていた青年たちと、工場の近くの寮で合宿生活を送っていた。

この日も、警戒警報が発令されると、指導員の指示で工場から寮へ帰った。やがて空襲警報――。

寮には、およそ二十メートル四方の中庭があった。北側に訓練所、南と西に木造二階建ての寄宿舎が、庭をとり囲むように建っている。庭の東と西の両端に、防空壕が掘ってあった。

生田さんは同僚十七人と、日当たりのいい東側の防空壕のまわりで雑談をしていた。そばの家畜小屋に寄りかかって、ニワトリの相手をしているものもいる。一メートルも離れていないところに、いとこの潔さん（当時十五歳）がいた。

爆音がしだいに大きくなった。雲の切れ間から、B29の機体がキラキラ光っている。

——その瞬間、ものすごいスピードで爆弾が落ちてくるのが目にはいった。その数、およそ二十。

「きた！——」

生田さんは、声にならない叫びを上げて、走った。一月十九日の〝記憶〟が、チラッと頭をかすめる。一歩、あるいは二歩……。

一瞬、異様なふんいきがただよい、あたりがシーンとなったのを覚えている。次の瞬間、大音響とともに、体は爆風で吹きとばされた。

……何分ぐらいたっただろうか。気がつくと、立っていた場所とは反対の、西側の防空壕の中に倒れていた。さいわい体が動く。壕からはい出そうとすると、出口に同僚の足や手がぶらさがっている。背中に重傷を負った一人（二日後に死亡）を除いて、十六人全員が即死。いとこの潔さんも、防空壕の上で死んでいた。

生田さんが壕から出ようとしたとき、B29の最後の編隊が通過。黒いビールびんのような爆弾を落とすのが見えた。

それが、上ノ丸の上田さん一家を襲った凶弾だった。

――被爆地域は、明石公園北東隅、上ノ丸二・三丁目、太寺方面と川崎航空機工場南東、船上方面の田町、大道、新明町、寺田町、権現、西大坪、東大坪、南王子、西王子および伊川谷村井出、赤羽方面であった。この空襲で、明石公園避難者（二九六人）を筆頭に、上ノ丸二・三丁目（一二一人）太寺（六二人）権現（六九人）など、死者六百四十四、行方不明十二、重、軽傷者五百九十三人を出した。（明石市史）

二人の娘の無残な死

「ドッドッドッ……」

爆弾が頭上に降りそそいだとき、上田とみさんは、後ろで「あぶないよ――」と叫ぶ声を聞いている。道路脇に、冬ぶとんが干してある。とっさに、そのうちの一枚をかぶって道に伏せた。

「ガガガガーン」

戦車が何十台も、頭の上を通るような音。ものすごい力で胸がしめつけられる。息が止まりそうだ。耳を押え、わけのわからない叫び声をあげて〝窒息〟に耐えているとき、左ひじが「ガクン」と鳴った。

「子供をおいて死にたくない」

ただ、その思いだけで、息苦しさをこらえていた。何秒か、何分か……心臓が破裂する……もう我慢できない。ふとんをはねのけると、あたりは真っ暗だった。が、B29の爆音はない。

しばらくして、暗闇が薄れ、明石公園の樹木にうっすらと光りがさしてきた。

状況は一変していた。目の前の自宅と、五軒続きの長屋はペシャンコに吹き飛ばされて、何本かの柱が折れ曲がって残っている。公園の入り口の大木は、枝がバラバラに裂けて、ささくれだっている。

「地獄だ――」

足元に、首のない裸の死体がころがっている。そのときは「ずいぶん小さな死体だな」と思っただけで、二人の娘を捜すのにやっきだった。ふとんからはみ出していた左ひじは、骨がくだけ、肩からかけていた救急袋は跡形もなかった。

足元にあった小さな死体が、淳子さんだ――とわかったのは、足首に残っていたタビからだ。

とみさんがうずくまっていた場所を囲むように、七つの穴（爆弾による）があいており、その一つに二女の美樹子さんが倒れていた。祖母を防空壕に入れたあと、家へ引き返そうとしたらしい。

「一月の空襲で、美樹子は爆弾のこわさをいやというほど知っていた。きっと、部屋にいた姉を呼びに行こうとしたのでしょう。私に危険を知らせてくれたのも、ひょっとすると、あの子だったのでは……」

警防団員の手で発見されたとき、美樹子さんは、まだ息があった。

「苦しい息の下で、おかあさん、おかあさんと、私を呼び続けていたに違いありません」

とみさんが病院で手当てを受けているとき、美樹子さんは息を引き取った。

このあと、明石市は六月二十二日、同二十六日、七月七日の三回にわたって空襲を受けた。なかでも、七月七日の空襲では油脂焼夷弾七万発が落とされ、死者三百五十五、市街地の半分以上が灰燼《かいじん》に帰した。

その惨状を、明石市史は次のように記述している。

「午前零時十五分から一時二十五分にいたる一時間十分の長時間、敵米機は一――二機ずつが一、二分間隔で来襲し、全市に残忍な油脂焼夷弾約七万個を雨霰《あられ》とばらまいた。海の中まで落とした。まるで大きな火食鳥が火の玉を落としまわっていくようであった。人口八万四千、戸数一万八千の街区が大きな火の玉となって燃え上がり、海の波まで炎を上げて燃えた。市民は火の町を逃げまどい、ふとんをかぶって橋の下、川、堀へとび込んでのがれようとした。この世の最後の地獄絵図であった」

阪神空襲

西宮、芦屋へ初のツメ跡（昭和二十年五月十一日）

山手の学校は大丈夫や

B29による本土への空襲は、大別すると三段階に分けられる。

第一段階は、東京都下武蔵野の中島飛行機工場（昭和十九年十一月）川崎航空機明石工場（二十年一月十九日）神戸の川崎、三菱両造船所（二月四日）など軍需工場を目標にした戦略爆撃。第二段階は二十年三月十日の東京空襲を皮切りに、名古屋（三月十二日）大阪（同十三日）神戸（同十七日）と、大都市を次々に壊滅させた都市無差別爆撃。そして、休むことを知らない銀色の巨翼は、最後に都市周辺部へと、爆撃の爪跡をひろげていった。

空襲予告ビラの裏面。表には「少なくともこの表に書いてある都市のうち必ず四つは爆撃します」とある。西宮がこの中にはいっている＝尼崎・山本萬治郎さん提供

昭和二十年五月十一日。

ちょうど、川西航空機甲南製作所が爆撃を受けたのと同じ時刻、B29の別の編隊は、阪神間の上空に殺到していた。

午前八時三十六分、警戒警報。そして九時五分、大阪、京都、兵庫に空襲警報が発令された。

川口一鱗さん（当時三十六歳）は、西宮市桜谷町の大社国民学校の教壇で空襲警報を聞いた。

何か気配が違う。サイレンが鳴りやむと、学校に駐屯していた暁部隊の兵隊の動きが早まった。ふだんから教職員の立ち入りも許されなかった校舎屋上の機関

砲にも兵隊がついた。

「机の上のものを片づけて整列！」

ふだんは肩から斜めにかけている防空ずきんをすばやくかぶると、子供たちは校庭に飛び出し、居住区別に並んだ。川口さんの受け持ちは、現在、市民体育館がたっている河原町方面だ。

朝、曇っていた空は、五月晴れに抜けていた。

「ひょっとすると、学校で聞いたのは警戒警報だったかもしれない。私は、子供たちを送る途中で、空襲警報を聞いたようにも思うんです。鉄カブトが重かったし、子供たちの歩みがおそいような気がして……。とにかく、早く家へ送り届けないといかん、とそればかり考えてました」

子供たちを送り届け、学校に戻った川口さんは、空襲警報が出ているというのに、なぜか緊張感がスーッと抜けた。

玄関前の庭で、横山茂教諭（当時三十九歳）が肥えおけをかつぎ、畑仕事に汗を流している。食糧増産―それも〝銃後〟のつとめだった。

「お手伝いしますわ」

声をかけて、仲間に加わった。あとから作業に加わった森下繁雄教諭が、

「川口、なんや、そのへっぴり腰は。肥えたごかついでいるとこ、生徒に見せられへんな」

と、ひやかす。

「西宮がやられるときは、川西航空のある鳴尾が真っ先やろ。こんな山手の学校は大丈夫や、とみんな安心してました」

三人は肥えおけを肩に校庭を横切り、校舎北側の道に出た。その時、あの特有の、B29の爆音が聞こえ、高射砲の砲撃音が、あたりをふるわせた。

壕へころがりこんだ瞬間大音響

「お母ちゃん、ただいま」

大社国民学校四年生の京子ちゃん（当時九歳）と一年生の路子ちゃん（当時六歳）の姉妹が、息せき切って帰ってきた時、佐藤弘子さん（当時二十九歳）はホッとひと息ついた。夫の一九八さん（当時三十七歳）は応召して、沖縄方面へ出動したと聞いただけで音信不通。米軍の上陸で激戦が続いている沖縄で、死んでいるかもしれないと覚悟は決めていた。

それだけに、末っ子の純ちゃん（当時四歳）をいれて三人の子供は、なんとしても守らな

登下校時の空襲にそなえて、地上に伏せる訓練をする学童（西宮市立教育会館資料室所蔵）

ければならない。その決意を心の張りに、阪神間一円に牛乳のお得意を持つ「西宮寒天牧場」を切り回していた。毎日の乳牛の飼料が手にはいりにくい時代だったが、父正一さん（当時五十二歳）母芳子さん（当時四十六歳）の手助けで、商売は順調といえた。

午前十時ごろ、けたたましいサイレンに、幼い姉妹が空を見上げていると、ズシン、ズシンと地震のような地ひびき。間髪を入れず大地が揺れ、家がきしんだ。かぶさるように、B29の爆音と高射砲の音。

「京子、路子、おいで！」

とっさに姉妹の手をとり、押し入れに逃げ込んだ。

その時、

「何してるのん、早く防空壕へ！」

と、純ちゃんを抱いた芳子さんの、せっぱつまった声。弘子さんは、おびえる姉妹をかかえるようにして庭を横切り、畑のすみの防空壕へ飛び込んだ。

「きょうは、あぶないぞ。これはただごとではない」

いつもはめったに壕へはいらない正一さんも、かけ込んできた。

一家六人がそろったところで、弘子さんは、ハダシの自分に気づいた。防空ずきんも、非常袋も忘れている。

夢中で壕を飛び出し、家の中へ。非常袋を肩に、再び庭を走って壕へころがり込んだ。それと同時に、「ドカーン」と耳をつんざく大音響。あたりは真っ暗になり、体はたたきつけられたように横転。土砂が落ちてきた。

反射的にカラ堀へ

「神戸でも爆撃した帰り道だろう」

校舎北側の道を学校菜園へ急いでいた川口一鱗さんら三人の教師は、高射砲のさく裂音に木の陰へ身を寄せた。Ｂ29の編隊は高度を上げて北へ――。

「ドッドッド、ドーン」

突然、南側から、ものすごい爆発音。至近弾だ。反射的に、川口さんはかたわらの越水城跡のから堀に飛び込んだ。目がくらむ。吹き上げる爆風。胸がかきむしられるように苦しい。左のこめかみから血が吹き出した。

川口さんといっしょにいた横山教諭は、そばの側溝へ身を投げ入れた。目の前に、グワーンと火柱が立ち、吹き上げられた砂が側溝を埋めた。

やっとはい出す。身につけていた鉄カブトもゲートルもない。何も見えない。何も聞こえない。激しくセキこみ、土まじりの血を吐いた。

砂ジンと硝煙の中に、ボンヤリ一人の姿が見えた。

「森下か」

「川口です」

「森下はどうした。おーい、森下あー」

捜し求める同僚は、から堀を越えて向こう側の谷間へ飛ばされていた。顔がない。横山教諭は、首の上に、そっとハンカチをかけた。

玄関わきの菜園で、積み肥え作業をしていた助教諭の林泰久さんも、積み肥えとともに吹っ飛んでいた。

――空襲ニ依リ東館大破、本館講堂ニモ甚大ナル被害アリ。森下繁雄訓導、林泰久助教諭殉職ス。マコトニ惜ミテモアマリアル人材ヲ失ウ痛恨事デアッタ。（大社国民学校沿革誌）

川口さんらが森下教諭を捜しているころ――。

学校近くの佐藤弘子さん一家六人は、くずれ落ちた防空壕の中で、半ば生き埋め同様になっていた。気がついたとき、弘子さんと両親の正一さん、芳子さんが三人の子供たちに、おおいかぶさるように倒れていた。

弘子さんは、土砂の中から自力ではい出すと、まず子供たちを起こした。

「京子、立ってごらん、手は痛くない？　足は……」

路子さんの頬《ほお》に血が尾を引いていた。が、みんな無事だった。弘子さんの服は、爆弾の破片で穴があき、ブスブスこげていた。正一さんは、登山帽を裏返しにかぶっている。

枝にひっかかった自転車

弘子さんが、あたりを見渡したとき、わが家は土台だけを残して跡かたもなかった。近所の家も吹っとび、倒れ、かたむき、もうろうとけぶっている。あたりは、まるで死んだように物音一つしない。

目の前をニワトリが、ピョンピョン飛びはね、納屋にあったはずの自転車がつぶれて、桐の枝にひっかかっている。弘子さんの目には、すべてが影絵のように見えた。

中庭に大きなスリバチ状のくぼみができている。直撃弾は二発らしい。その直後、現場を見回った当時の越水町会長、上山正信さん（当時五十歳）は、

「なにしろ直径二十メートルぐらいの穴ができて、スリバチの傾斜が防空壕スレスレだった。壕の木の一部が見えていて、もう一メートル近ければ一家はどうなっていたやら……」

と、驚く。

その思いは、弘子さんにとってひとしおだった。非常袋を持って中庭を走っていた時、頭の上に五百キロ爆弾が落ちていたのだ。もし、あのまま子供たちと押し入れにはいったままだったら——。

「本当に一瞬の出来事、運命のわかれ道は紙一重の差、運の強さをただ神仏のお守りと手

を合わせました。土台の石組みを残して何一つなくなった家敷跡から、傷だらけのお位牌《いはい》を拾い、二つに割れた床の間の地板の下に、奇跡的に無事でころがっていたウイスキー一本を見つけた時は、生死の知れない主人の無事でいるしらせかと眉《まゆ》を開いたのです」

弘子さんの手記は、なまなましい。

「ご近所は軒並みに爆風でやられました。ふだん警報が出れば、必ず防空壕にはいる人が、家で爆死したりして……。空襲警報が、あまりにも急だったように思います。倒れた家の下から小さい子供さん三人、お向かいのおばさん、そのお隣の赤ちゃん……。親しくしていた隣保八軒に十四人も死者が出たのです」

その、むごい光景は、いまも弘子さんの目に焼きついている。

――当地ニ侵入セル敵機編隊ハ紀州沖ヨリ北上セルモノニシテ当地到達以前、西方々面ニ既ニ激シキ爆弾落下セル轟音《ごうおんしきり》瀬ナリ。襲撃状況ハ一機宛蔽《おお》フガ如クニ編隊ヲ放シ投弾後、東南方へ順次脱去セリ、右ノ結果、当町内ノ被害状況左ノ如シ

三組全壊家屋　藤田信次ナド十四世帯、四組全壊家屋　佐藤正一ナド十世帯、五組全壊家屋　安積幸太郎ナド十五世帯。死亡者　藤田信次ホカ二十名。（西宮市越水町会空襲罹災記録）

素掘りの壕

川西航空機甲南製作所を壊滅したB29の編隊の一部は、右前方に芦屋川を見ながら北上し、住宅都市、芦屋に初のツメ跡を残した。

この朝、芦屋市西山町の丸尾和枝さん（当時三十歳）は、空襲警報のサイレンが鳴ると同時に〝ゴー〟という爆音を聞いた。

二階にかけ上がり、ガラス戸にへばりついた。B29の編隊が南から向かってくる。ビリ、ビリリ…ガラス戸が無気味にふるえる。階下には、警戒警報で山手国民学校から帰ってきた栄子さん（当時十歳）と元則君（当時七歳）二男の信広ちゃん（当時四歳）かわいい盛りの悦子ちゃん（当時二歳）――の四人の子供がいた。

ドッドッドー、ドッドッドー。

南の空に爆雲が上がる。そのたびに地鳴りが走り、家は〝ぐらっ、ぐらっ〟と揺れた。夫の栄さん（当時三十九歳）は、徴用先の尼崎の工場に出ていて留守。

「栄子、元則……」

子供たちの名前を呼び、下へかけおりると、おびえる四人を引き寄せ、フトンをすっぽりかぶせた。

「奥さん、奥さん、あぶない！　早く、うちの防空壕へ」

東隣の岩田春子さん（当時三十八歳）のせきたてる声。和枝さんは悦子ちゃんを抱き、三人の子供を押しやるように、岩田さんの裏庭にある防空壕へ逃げ込んだ。

「退避―。退避しろ！」

と、警防団員が叫びながら、道をかけ抜ける。B29はもう目前。そこへ岩田さんが、四人の子供の手を引き、かけ込んできた。

「裏の池田さんところがお留守なの。美智子ちゃん（当時七歳）とソノちゃん（当時六歳）が泣いていたので連れてきたわ。うちの祥子（当時十歳）と英紀（当時六歳）も一緒にお願い。順子（当時八歳）が遊びに出たままなので、私、さがしてくるから」

もどかしげにいい残して、岩田さんは再び外へ――。

和枝さんがいた防空壕は支柱も、ワクもない素掘りのまま。地盤の堅い神戸東部、芦屋、西宮の山手地区には、この種の素掘りの壕が多かった。

壕の広さはタタミ一畳ぐらい。八人の子供たちを四人ずつ二列に、向き合ってすわらせた。暗闇がよけいに不安をつのらせる。

「みんな、こわくないよ。だいじょうぶ。じっとして……」

二歳の悦子ちゃんをひざの上に抱き、耳は〝土天井〟を突き抜けてくる爆撃音を追った。

八人の子供が窒息死

空襲警報のサイレンが鳴ってから五分後――。

「ドカーン」

壕のわきに爆弾がさく裂。〝バサッ〟と壕の両壁が「く」の字形にくずれた。天井部分も陥没。体をひねったのか、気がつくと、和枝さんは鼻から上だけが土の上に出ていた。

空気は吸える。だが、吐けない。胸が圧迫され、鼻こうにも土がはいりこむ。全身が土にのめりこみ、手も足も動かない。

そんな姿のまま、和枝さんはしっかりと、土中の悦子ちゃんを抱いていた。持ち上げることも、揺することもできない。ただ、ただ動かない手と足がのろわしかった。

「不思議と涙も出なかった。神経がボーっとなってしまって……」

と、和枝さんは、その瞬間を述懐する。

芦屋川の共同退避壕にいた岩田さん、池田たきさん（当時三十五歳）と警防団員五、六人がかけつけたのは、五分ほどたってからだった。救出作業が始まった。だれも声一つたてない。惨状は、この壕だけではなかった。

スコップで一人、また一人、子供たちが掘り出される。土にはまみれているが、体は無傷。ぬくもりがある。団員たちの手で人工呼吸が始められた。

「祥子、英紀」

「美智子、ソノ……」

答えは返らなかった。

丸尾栄子、悦子、元則、信弘、岩田祥子、英紀、池田美智子、ソノ……八人の子供たち全員が窒息死した。

「ものすごい爆撃でした。私の家に直撃弾が落ち、周辺の家はもちろん、ひとかかえもある松が吹っ飛んでいた。残った木には衣類がひっかかって……」

こう話す池田さんは、

「掘り出された美智子とソノを見たとき、欲目でもわが子だけは生きてほしい。なんとしても生かせたいと思った」

と、つけ加えた。

同日夜、西山町の安楽寺で爆死者たちのお通夜が営まれた。この八人を含めて、子供の死者は十五人にのぼった。

〝通り魔〟のような、この日の爆撃で、芦屋市内の死者は三十九、重軽傷十六、罹災者九百六十二、全半壊家屋百七十五――を数えた。

ついに尼崎へ（昭和二十年六月一日）

死傷者五百人

阪神間最大の工場都市・尼崎は「あぶない、あぶない」といわれながら、比較的平穏な日が続いていた。三月十三日の大阪大空襲の際に、死者一、重軽傷者十四の被害があった程度で、西宮、芦屋が攻撃を受けた五月十一日も〝無キズ〟のまま残った。だが、その状態も長くは続かなかった。

昭和二十年六月一日。

尼崎市今福東町内会の詳史は、日付けの冒頭に「B29四百機阪神地区に来襲す」と、赤インクでしるしている。

――午前八時、突如警戒警報発令。防空情報は、本日の敵機は大編隊にして主として阪神地区を目標とするものの如く……町内会においては直ちに応戦準備にかかり、町内全婦女子老幼の待避を命ず。……午前九時四十分ごろより敵の編隊二群は友軍制空部隊の撃ち出す弾幕の中に現われ、以後逐次十機ないし二十機の編隊を以て来襲、主として焼夷弾攻撃を加ふ。既に左門殿川東西岸は火災発生。間隔極めて短き波状攻撃にして、次から次へと編隊は黒煙の中、あるいは外に現われ投弾、遂に火災は梶ケ島、杭瀬方面に続々発生す。(今福町内会詳史)

尼崎市杭瀬後野一三に住んでいた安里千代子さん(当時二十歳)は、出勤前に警戒警報を聞いた。だが、まさか、という軽い気持ちで大阪の大和製鋼歌島工場へ。そして工場の前で空襲警報のサイレン。追いかけるように敵機の機影と、爆裂音が迫ってきた。

千代子さんは夢中で、尼崎へ向かって歩いた。歌島橋から足早に歩いていると、流れ弾が身辺をかすめた。道ばたの防空壕がこわれ、頭蓋《ずがい》からはずれた女性の丸い頭髪がころんでいる。

「ふしぎに、それを見ても、こわいということはなく、ただ夢の中で逃げているような思いだった」

左門殿橋まで来ると、杭瀬の町は火と煙で真っ暗。二メートル先も見えない。手さぐりに近い状態で歩き続けたところへ、ドシンとぶつかった人影。

「あ、ねえちゃん！」

偶然にも、妹の幸子さん（当時十八歳）だった。

抱き合い、オロオロ声で家はどうなっているか、話しているうちに、またもやB29の襲来。そばのあき地へ、ころげるように飛び込み、トタン屋根をかぶせただけの穴へ身をすくめた。

「もうダメだと思いました。ヒューン、ドドンという音が近づいて、二人でふるえていると急に静かになりました。あの時のシーンと死んだような静かさは異常というか……」

やっとの思いで家へたどりつくと、母親のうたさん（当時四十歳）が立っていた。家は無事だった。軍隊帰りの人に間貸ししていた離れに焼夷弾が落ちたが、屋根をつき抜けてタタミへ落ちたのを、その人が前栽の池へ、拾っては投げ、とっては投げこんだので、押し入れを焼いただけですんだ。

豊島源与さん（当時四十一歳）は、いつものように尼崎警察署の地下室にいた。城内中学の北側にあった警察の地下室は作戦本部になっており、空襲についての情報が、米軍の予告ビラなどでもたらされていた。

「ドーン、ズズズーッ」

ものすごい地鳴りに、外へとび出すと、阪神尼崎駅の東にあった赤い倉庫が爆撃されている。警察の東かどの映画館に二五〇キロ爆弾が落ち、大きな穴ができていた。

「七松の高射砲陣地から、どんどん撃ったけれど、相手（B29）が高くて届きませんでね。いつの空襲でもそうですが、子供の時分に見た絵巻に〝応仁の乱〟の民衆が描いてある。あれといっしょで、みんな大八車に家財道具を積んで、昼の暗い中を北へ北へと向かっていた」

いまも東長洲の国道わきにある尼松映画館が、死体安置所になった。家族の行方を捜す人は、尼松へ見に行ったが、見つからなければ今福の公園へ回った。そこには死体が山と積まれ、死臭がたちこめていた。

死傷者は五百人にのぼった。

川西鳴尾工場爆撃（昭和二十年六月九日）

はずれた爆弾はたった一発

武庫郡鳴尾村（西宮市鳴尾町）の川西航空機本社・鳴尾製作所は、神戸、西宮、芦屋のたび重なる空襲にも、なお無キズだった。

武庫川じり西岸に広がる二十二万平方メートルに工場群が建ち並び、村の東は従業員寮が軒をつらねている。製作所西側には豊年製油、昭和電極の各鳴尾工場、鳴尾川をはさんで西には鳴尾飛行場があった。徴用で全国から集まった従業員は二、三万人。海軍機の主要生産工場だった。

六月九日。B29の大編隊が、朝曇りの鳴尾製作所上空をおおった。

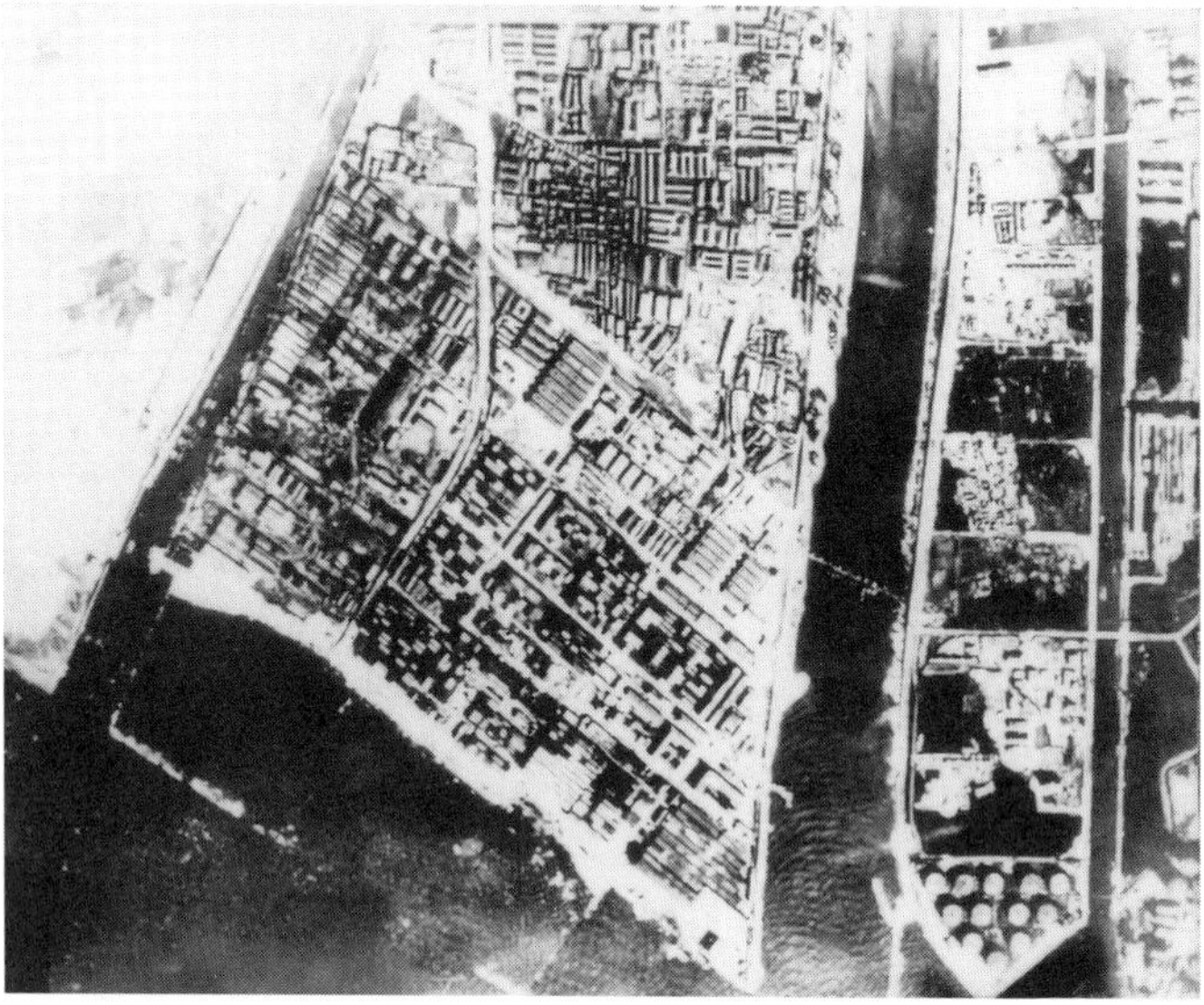

空襲直前の川西航空機鳴尾製作所。空襲用に米軍が撮影したもので、武庫川（右）と鳴尾川（左）にはさまれ、豊年製油、昭和電極を含んだ工場群が建ち並んでいた。左側の白い部分は鳴尾飛行場（新明和工業株式会社所蔵）

――午前七時四十七分、空襲警報発令、明石・鳴尾村に百五十機のB29が来襲。午前十時三分警報解除。（西宮市警防団・津門分団「敵機B29来襲記録」）

鳴尾製作所組み立て工場長の清水三朗さん（当時三十五歳）は、本社倉庫になっていた鳴尾北国民学校にいた。前日、海軍関係者から、

「あす、鳴尾はやられる」

との情報を入手。このため会社側は、警戒警報が出次第、工場防衛隊（約百人）を除き全員退避せ

よ――と指示していた。

「警報が出たので、八時までに工場に戻らなければ」

と、清水さんは、夢中で自転車のペダルを踏んだ。

学校から工場正門まであと少しの阪神電車洲先駅近くで、B29の編隊が見えた。道端のタコツボへころげこんだ。

「ところがB29は通り過ぎていく。ハハーン、宝塚製作所を攻撃するのに間違えたな。バカめと思いましてネ」

ホッとしてタコツボをはい出たとたん、ザーッという衝撃音。空からビールびんを逆さにしたような爆弾が雨のように降ってきた。

反射的に耳と目を押えて、地面に伏せた。顔を上げると、目の前の工場は猛煙を上げている。スレートの屋根は吹っ飛び、鉄骨は折れ曲がっている。煙突の中途には、長さ三メートルほどの鉄片が突き立っていた。

右手がおかしい。ふと気づくと、爆風の衝撃波が切り裂いたのか、右手首がちぎれかけていた。親指から小指まで折り曲げようとしたが、動かない。脈が打つたびに、ピューと十センチ近くも血がふき出る。肩にかけた救急袋から三角布を取り出し、右手首と腕をしばりあげた。

あたりに人影はなかった。みんな指示どおり逃げたのだろう。三十分後、再びB29が来襲。清水さんはなすすべもなく、地面にはいつくばった。

「ドカーン」

大音響とともに、目の前は真っ暗。体が押えつけられたように重い。至近弾でスリバチ状の穴があき、その土砂に埋もれていたのだ。

「突如、東隣の川西航空機工場辺でキラッ、キラッと光る落下物が見えた。自分は〝今日はあぶないゾ〟と大声で叫びながら壕の中へ飛び込んだ。敵機の一編隊が通過したらしいのですぐ壕を出て、あちこち見ながら少し離れた別の壕へ移動した。川西工場では黒煙があがっていた」（豊年製油工場長・横田幸雄氏「空襲日記」＝西宮市史）

このころ、中田豊一郎さん（当時三十二歳）は、昭和電極会社の出荷倉庫東側の防空壕に、同僚たちといた。

「ナムアミダブツ、ナム……」

自然に念仏が口をつく。ズシン、ズシンと壕がゆらぐたびに、天井の土砂をかぶった。

昭和電極では、空襲警報と同時に千五百人の従業員を甲班（退避組）乙班（防衛組）の二つに分けていた。

「十機ぐらいの編隊で川西をねらい撃ちしてたんですが、うちの会社は煙突が多かったので、川西の一部と見られたのでしょうか。工場内は、もうひどいもので……」

中田さんらの乙班はまだしも、昭和電極東側の産業道路を北へ逃げた甲班の工員たちは、逃げ切れずに多数が爆死した。

「やがて静かになったので壕を出た。驚いたことに壕のすぐ横に大きな穴が二つできて、事務所は半ば倒れてメチャクチャ。油タンクは全部破壊され、姿を消した各倉庫はすでに火を発している。（横田氏「空襲日記」）

製作所の正門近くで、土砂にうずもれた清水さんに、三回目の編隊が向かってきた。

空襲警報が出てから一時間半もたっていただろうか。清水さんは、気力をふりしぼって近くの民家の防空壕へかけ込んだ。

壕内の人たちは、恐怖と緊張で押し黙っている。右腕が冷たい。三角布で血液の循環をとめているからだ。

「ほうっておくと腕が腐る」

という不安が襲ってくる。三角布をゆるめて、ちぎれかけの手首から無理に血を出した。だが、少しも痛みは感じなかった。

午前十時過ぎ、執ような空襲は終わった。製作所への爆弾の命中精度はきわめて高く、「工場をはずれて武庫川に水没した爆弾は一発だけだった」（清水さん）という。

周辺民家にも、爆風によって大きな被害が出た。鳴尾村振興課長だった藤本昌良さんは、「川西工場から一キロ以内にいた村人に犠牲者が集中しました。通路に散乱した遺体は四十を数えたでしょう」

鳴尾製作所はこの日以降、八月六日までに五回の空襲を受けたが、死傷者が出たのはこの六月九日だけだった。

この空襲で製作所の建て物は六〇パーセント以上が破損、死者二十三、行方不明六、重軽傷者二百三十一人を数えた。工場の損害はすべてそのまま放置され、使用不能のように見せかけられた。翼及び尾翼工場では、破損した屋根の下に木製の屋根を作り、その中で生産が続けられた。

爆死者の遺体は製作所北側の善教寺に安置、村の焼き場では間に合わず、阪神電車武庫川鉄橋南の河川敷きで荼毘《だび》にふした。

——鳴尾村全体の人的被害は死者四十八人、重傷二十三人、住居は全半焼三戸、全壊百二十一戸、半壊五百三十五戸、被災者三千二百二十三人に達した。（西宮市史）

尼崎二度目の空襲（昭和二十年六月十五日）

焼夷弾が消えて命拾い

「工場がやられた日は、朝から出勤していました。高射砲弾の先端、2KS体というのをつくる第五工場の検査場で、私はそこの責任者でした。空襲警報にはもう慣れっこになっていて、仕事を続けていたのですが、〝来たゾー〟という声で飛び出し、みんなの一番あとから防空壕にはいったとたん、ヒューッ、バラバラと焼夷弾が……」

六月十五日。尼崎市は一日に続いて二度目の本格的な空襲に見舞われた。

尼崎市長洲三花四番地に住んでいた庄本節子さん（当時二十歳）は、尼崎精工の軍需工場にいた。

大阪の洋裁学校を卒業すると、挺身隊《ていしん》で遠くへ行かされることを避けて、近くの長洲蒲田六一にあった尼崎精工へ。検査場には、挺身隊で広島からきた十八、九歳の男子、福井と長野から二十歳前後の女子、そして、大阪の相愛女学校、精華女学院の生徒がいた。庄本さんは、年齢もそうかわらぬ隊員たちへの気づかいで、身をすりへらす思いだった。

庄本さんが防空壕へ、はいったか、はいらぬかの瞬間、壕をおおっていた厚さ五センチの鉄板をつらぬいて、鉛の六角棒が地面に刺さった。焼夷弾だ。だが、幸い壕の底にたまっていた水でジューッと消えた。横にいた同僚二人が、肩とお尻をすりむいた。もう数センチずれていたら、どちらかに直撃というケースだった。

——午前八時十五分、空襲警報発令。B29百機、五、六機カラ十数機ノ編隊ヲ以テ紀淡海峡ヲ経、主トシテ尼崎市ニ、一部ヲ以テ神戸、西宮、芦屋各市ニ侵入シ高度ヨリ焼夷弾投下。大阪府ヲ経テ南方海上ニ脱去ス。(尼崎市消防署沿革誌)

杭瀬地区連合町内会や建設業者で組織していた緊急工作隊の役員だった中田寅一さん(当時四十歳)は、杭瀬の阪神国道に面した自宅に踏みとどまっていた。妻子は京都の長岡天神に疎開させてある。

十五日は職人の節季（勘定日）。そこへ朝からの空襲で、舌うちしながら空を見上げているところへ、バラバラッと焼夷弾の雨。

「一日の空襲で国道の南が焼け野原になっていたから、北側の人が荷物を持って、南へ移動した。ごった返す混雑の中で、四、五歳の女の子が〝お母ちゃん、お母ちゃん〟といいながらウロウロしている。ちょうど、そこへエレクトロン焼夷弾が落ち、女の子の足に当たった」

中田さんの、まさに目の前。だが、助けに行こうにも、雨アラレと降る焼夷弾を、家の壁にへばりついて避けるのが精いっぱい。目もくらむ炎と黒煙。行きまどう人びとの叫び声で、その女の子がどうなったか、気にとめる余裕もなかった。

「もう大丈夫……」

どれぐらい時間がたったろうか。B29が去ったのを確かめてから、へばりついていた壁から離れて、自転車を引き出した。緊急工作隊の任務として、ともかく尼崎警察署へ。

だが、いたるところ火の手に包まれ、熱気で走れない。これ以上進めば煙にまかれる、というところまで来て立ち往生。さらに炎は迫る。阪神杭瀬駅北側の熊野神社の裏に、焼け跡のひろっぱがあった。わずかに残っている基礎コンクリートを見つけ、その中へ身を寄せた。

官僚的な考えが市民をかろんじる

「市中さながら通り魔に襲われし如し」――尼崎高女の教諭だった井上勇さんは、日記の中にこうつづっている。

「北城内、大物町、長洲、難波等々の市街、日紡、住友プロペラ、旭金属の本校（尼崎高女）出動工場も散々にやられしと聞く。昼、ニギリ一個の配給、暗黒にして職員室も終日、ローソクをともす」

〝通り魔〟は、各所にむごいツメ跡を残した。

中田寅一さんは、長洲中央商店街、長洲本通りで、遺体にとりすがって泣きさけぶ家族を何組も目撃した。尼崎警察署の近くでも、直撃をうけた死亡者が、路上にころがっていた。

「緊急工作隊は警戒警報が出たら警察に集まれ、と命令するのでモメたことがあります。警察に爆弾が落ちないという保証はない。みんなが集まってドカンとやられたらどうするのか。分散していて、いざという時に集結した方が有効だ、といってやったんです」

官僚的な考え方は、ことごとに一般市民をかろんじた。伊丹の飛行場で建設業者が仕事をしているところへ艦載機が急襲してきたときも、

「軍は真っ先に分散して防空壕へ飛び込んだが、こっちは虫ケラ同様、逃げる場所もない。こんな状態で作業員は出せない、とねじこんだものです」

にがにがしい思い出を語る中田さん。この日——六月十五日も、工作隊をくり出すには、あまりにも混乱がひろがり過ぎていた。

再び杭瀬へ引き返し、町内会の役員たちと焼け跡の整理にとりかかった。遺体は名前のエフをつけて箱につめ、コンクリート建築の大覚寺へ運んだ。箱の足りないぶんは、ムシロを巻いた。

この日投下された焼夷弾（六ポンド油脂、四ポンドエレクトロン）は約十万発。尼崎市内の死者四十、重傷七十、罹災者は二万九千四百九十九人に及んだ。

被害は立花、尾浜、難波、開明、大物、左門殿、常光寺、汐江、東富松、塚口、道意、西大島の広範囲にひろがった。住友金属プロペラ工場（北難波）日本造機工業（三反田）塩野義製薬（今福）山岡内燃機（長洲）……工場という工場はねらい撃ちになった。

周辺の民家も、巻きぞえというには余りにも被害が大きかった。消火に当たった警防団員が、雨のような焼夷弾の直撃を受けて、次々と倒れていった。

小田消防団潮江分団に所属していた北側博さん（当時十九歳）は、自宅近くで火災が発生したため、ガソリンポンプ機を操縦して消火に当たっていた。だが、この火勢では住民があぶない。現場から汐江字潮江の神崎病院付近へ走り、誘導に当たった。

民家の密集地域だけに一刻の遅れが、火の海に孤立させることになる。ひとまず次屋の伊弉那岐神社へ。

逃げまどう五、六人に、

「早く早く、落ち着いて！」

と、声をかけながら御園の、ガレージのあるところまで来た時、ザーザーッという焼夷弾の音。

「伏せろ！」

とっさに地面へうつぶしたところへ、その一弾が北側さんの鉄カブトへめり込んだ。脳内出血。即死に近い状態だった。

——尼崎警防団警防員、北川博、六月十五日ノ尼崎市空襲ニ際シ午前十時四十分ゴロ、市内浜宮前ニ火災発生、ガソリンポンプ機関係トシテ消火ニ従事中、焼夷弾ノ直撃ヲ頭部ニ受ケ殉職ス。（兵庫県消防課「殉職消防警防員台帳」）

川西航空機宝塚製作所爆撃（昭和二十年七月二十四日）

歌劇団の生徒も女子挺身隊に

神戸、阪神間の工場、市街地を執拗《しつよう》なまでに破壊しつくしたＢ29は、北阪神に残るただ一つの軍需工場・川西航空機宝塚製作所に、攻撃の刃《やいば》を向けた。

昭和二十年七月二十四日朝。

川西航空機宝塚製作所の勤労課労務係、松本英夫さん（当時三十九歳）は、七時すぎに阪急宝塚駅近くの自宅を出た。空はカンカン照り。まぶしく暑い朝だった。

今津線に乗って逆瀬川駅まで来た時、空襲警報で電車はストップ。しかし、間もなく警報は解除になり、電車は鹿塩《かしお》駅に着いた。この駅は現在の、阪神競馬場のところにあった川西航空機宝塚製作所の専用で、駅から真っすぐ坂を降りると正門前。松本さんが正門をはいろうとしたとき、また、空襲警報のサイレンが鳴った。

「駅からいっしょだった労務課福祉係の勝木さんという人と〝空襲警報でまた山へ逃げないといかんのか。このまま出勤カードを押さんと帰ろうや〟いうて、坂を引き返すと、ちょうど駅に宝塚行きの電車がドアをあけて待っていた」

自宅へ帰り、防空壕に身をひそめていると、遠雷のような爆発音と地鳴り。仁川の方角に黒煙が上がっている。

「川西航空がやられたんや」

近くで、だれかが話している。血液型の係りだった松本さんは、あわてて鹿塩へ引き返した。

この朝、宝塚音楽学校予科の美山恵津さんも、豊中の自宅から宝塚製作所へ向かっていた。

花やかな舞台を夢みてはいった宝塚少女歌劇も、大劇場は閉鎖。生徒は予科（一年）と本科（二年）の全員が、女子挺身隊として工場に動員されていた。

「在籍者は百人ぐらいいましたが、地方出身者は帰郷して軍司令部などに徴用されていたので、川西航空へ行ってたのは二十人ぐらいだったと思います」

仕事も旋盤、食糧倉庫、社内放送とさまざま。美山さんは事務の仕事をしていた。

豊中から宝塚線に乗って宝塚駅に着くと、ホームいっぱいに、

「ただ今、空襲警報発令中。B29が大挙来襲しています。今津線、宝塚線とも、あと一列車で運行を停止します」

のアナウンス。工場従業員以外は、空襲警報が出ると自由に退避してよい、との通達を思い出し、いま降りたばかりの電車に飛び乗った。

だが、その電車が清荒神のホームに着くなりドアがあいて、

「空襲――」

と、いう駅員の叫び声。乗客は駅の南にあった竹ヤブへ走った。

「その二日前にB29と小型機が低空で機銃掃射をした。壕を出てみると、私のいた事務室の窓に弾《たま》がささってゾッとしたんですが、その経験があるもんですから、とにかく夢中で逃げました」

波状的な爆撃音がやみ、竹ヤブを出ると、製作所付近の空は真っ黒。止まっていた電車に

乗り、仁川へ向かった。

死臭の流れる工場

川西航空機は七月九日付けで、第二軍需工廠として、軍需省の管轄になっていた。しかし、同社の甲南、鳴尾、姫路の各工場は、五月十一日以降、相次いで空襲を受け、生産力を持つ主力工場としては宝塚が残っているだけだった。

労務課兵事係の横田正造さん（当時三十歳）は、この朝、夜勤あけの疲れをいやしに、鹿塩駅西北の小高い丘に腰をおろしていた。

「朝からB29の編隊が室戸岬から続々と侵入して、何度も空襲警報が鳴った。何回目だったか、甲山の高射砲がドーンと射ち出したのを合図のように、ドカン、バラバラと爆撃が始まった。私は高さ二、三十センチの切り株にすわっていたが、動くと機銃掃射をあびせられるので、後ろに十人ぐらいいた人も、身動きできなかった」

この日、来襲したのはB29と小型機約百五十機。二十―四十機の編隊で、数回に及ぶ波状攻撃を加えた。

爆発音は地の底まで揺さぶった。音が途絶えたとき、工場はガレキの山に変わっていた。

爆撃の直後、横田さんらは工場へかけ込んだが、手のつけようがなかった。

「壕の中で、女の人がたくさん死んでいた。甲南、鳴尾工場での経験から特別の者以外は、工場の外へ退避することになっていたのに、朝から空襲警報の繰り返しで疲れてしまっていたのだろう」

松本さんが工場へたどりついた時、硝煙がたちこめ、死臭が流れていた。

「工場の中は、そこに何があったか、判別がむずかしいほどやられていた。ちょうど寮から食堂へ行く途中だったが、女子挺身隊員が防空壕にはいっていて直撃でやられ、重なり合って倒れていました」

目もあてられない惨状だった。


美山恵津さんが、鹿塩駅から工場への坂道を急いでいる時、一人の女性がつんのめるようにかけ寄ってきた。

「助けて下さい」

見れば、体の前面が、そがれたようになって血みどろ。

「居合わせた男の人が、近くの井戸から水をくんで飲ませようとしている最中に、息が絶えました。その女性は、三田から来ていた挺身隊の人でした」

正門をはいると、本館の右手にあった人事課は吹っ飛び、入り口の高麗犬が、爆風でクルリと向きを変えている。

L字型の防空壕では入り口に爆弾が落ち、カギになるまでの直線にいた全員が即死。カギ手にいた二人が、かろうじて生き残った。〃ご真影〃を胸に抱いて壕にいた警防団員は、ご真影と体の間に首が落ちていた。

「私たち、どうすることもできず、西国街道を歩いて豊中へ帰りました。途中、伊丹の昆陽あたりで電柱が燃えていて、石橋から産業道路へ出ると、刀根山も空襲でやられていました。それにしても川西航空へ来ていた勤労学徒は、どうしてたのか……」

——遂ニ宝塚製作所モ亦空襲爆撃ヲ受ケ、同所ニ於ケル材料関係施設以外設備ノ大部分ハ壊滅シ、死者八三、重傷者三九ノ甚大ナル被害ヲ蒙リ……。（川西航空機株式会社年史稿本抄）

重油をかけて遺体を焼く

どうしたものか、川西航空機宝塚製作所の空襲被害についての記録はゼロに近い。まして動員の学徒や挺身隊、徴用工については社史にも市史にも、学校の沿革誌にも見当たらない。

美山恵津さん、横田正造さんらの記憶では、関学、神戸女学院、京都二中などの勤労学徒のほか、三田、篠山の挺身隊、但馬地方からの養成工も多かった。

その一つ、関西学院は昭和十八年十一月以降、各方面へ勤労出動していたのを、指導上、不便だから――と二十年四月、中学部を除く全学院生徒（大学、予科、専門部）を、この宝塚製作所へ集めていた。

この朝、関西学院報国団（団長・神崎驥一院長）の学生団長、柄欽一郎さん（当時二十五歳）は、爆撃音が消えた午前九時半ごろ、工場へかけつけた。

正門のところに、武装した大竹海兵団の隊員が銃剣を構えて寄せつけない。その足で寮生の集合場所である今津線ガードぎわの熊野神社へ。そこには、寮生二十数人が顔をそろえていた。点呼の結果「全員無事」。柄さんは、神崎院長に報告の伝令を走らせた。

専門部学生の引率教官、武藤誠教授（当時三十九歳）はそのころ、避難していた五カ山から、鹿塩字桝塚の自宅へ帰っていた。

「妻子は丹波へ疎開させていたので、母と妹、その子二人が防空壕にはいっていた。家族は無事だったが、至近弾で家は八〇％こわれた。だが、家どころではない。すぐ、自転車で熊野神社へかけつけ、全員無事と聞いてヤレヤレと思った」

ところが、翌二十五日になって学院生二人の死亡が確認された。一人は山本君、もう一人は有賀君。さらに二十六日になって、武藤教授の教え子、安芸君の遺体が見つかった。

「安芸君は甲東園のおばの家に泊まっていて出勤途中、後頭部に爆弾の破片をうけた。畑の中へ飛ばされていたので、遺体の発見が遅れたらしい。山本君は、工場東側の武庫川堤防で大腿部《だいたい》を撃ち抜かれて死んでいたというが……」

毎日のように、学生が招集で前線へとられ、だれが残っているかさえつかみにくい状態だった。武藤さんの日記にも、

「二十八日、安芸君の骨あげ、空襲警報で延びる」

と、あるが、フルネームはない。

投下爆弾およそ六百発。被害は製作所周辺にも及んだ。
仁川駅東側の中村さんは、よそで焼け出されて身を寄せていた親せきを含め一家八人が全滅した。防空壕への直撃で肉片すら残らなかった。八百屋の主人は、壕の中でたたきつけられて即死、工場の東、宝塚市東蔵人でも二人の死者が出た。

一方、製作所では、様相を一変した廃墟に、テントを張って残務処理が始まっていた。方々にころがっている遺体を拾い集める。

遺体は、武庫川の川原に積み重ね、重油をかけて焼いた。それは、横田正造さんら労務課員の仕事だった。

「みんな無残な姿で、人間の形をしていないのもある。それでも、燃えきるまで時間がかかるので、二人ずつ夜通し交代で見守った。死体のはぜる音、飛び散る火の粉。異様なというか、悪い夢を見ているような――」

名状しがたい光景は、今なお横田さんの脳裏に焼きついて離れない。

それらの遺骨は、翌日から、遺体が確認された数だけ骨箱にわけられ、遺品らしいものを添えて順次、東蔵人の西南寺へ運ばれた。西南寺も爆風で倒壊寸前だったが、宝塚歌劇団本館に駐とんしていた大津海兵隊の予科練習生が応急修理を手伝い、ともかくも安置。会社からの報でかけつけた遺族に、次々と引きとられていった。

その数は、松本英夫さんの記憶によれば百二十一。西南寺の有井正随住職の妻鈴子さんの記憶でも「百二十いくつか」。

しかも、その中には鹿塩、東蔵人の犠牲者は含まれていない。とすれば、川西航空機の社史稿本にある八十三以外の四十人近くの犠牲者は、動員学徒か挺身隊員か。

〃幻の犠牲者〃たちの身元は、今なお判明しない。

最後の大空襲（昭和二十年八月五日）

全身を泥水でこねまわす

八月は終戦の十五日までに、大小十二回の空襲があった。昭和二十年八月五日午後九時ごろ、土佐沖、熊野灘沖に集結したＢ29のうち、第三群百三十機が紀伊水道より数編隊に分かれて西宮市に侵入、西宮を中心に尼崎市、芦屋市、東部五カ町村および神戸市の東部、姫路市におよぶ広い地域を長時間にわたって反復大空襲を行ない、焼夷弾四万個と爆弾を混投した。このため各地に大火災が発生したが、折りからの急雨によって六日払暁ようやく鎮火した。市部の被害は割り合いに少なく、死者二十一人、負傷者二十九人、家屋の全焼千六十三戸、半焼三十二戸、罹災者四千三十九人、東部五カ町村に死者百四十四人、負傷者五百八十

四人を出した。（神戸市史）

警戒警報発令。この日、三度目の警報が、阪神間の夜空に尾をひいた。

西宮市甲子園町八ノ八、藤本敏子さん（当時三十七歳）は、二階にカヤをつり、床の中でラジオを聞いていた。電灯を包んだ黒い布が、おぼろな光の輪を作る。敏子さんは、その下でいつものように地図をひろげると、刻々と伝わるB29の侵入コースを指でなぞった。

「なぞっていないと落ち着けなくて、クセになっていたのです」

〈23時15分〉内海東部海面、警戒警報解除。

敏子さんがホッとしたのもつかの間、再びサイレンが響いた。

〈23時40分〉警戒警報発令。

〈0時6分〉紀伊西南岸ヨリ侵入ノ敵ハ徳島東部ヲ北進シ、淡路島南部デ会シ、二機ガ大阪湾上空ヲ旋回中。

二機？　なにか変だ。それに連日やってきたB29が、三日と四日の二日間は、まるで姿を見せない。

「あらしの前の静けさか」

胸をつく不安に、敏子さんは、夫の浩一さん（当時四十二歳）と長女陽子さん（当時十四歳）をゆり起こした。と、まもなく、

「シュッシュー、シュー」

と、空気を切り裂く衝撃音。電灯が消え、ガラス戸が赤く染まった。暗闇の中に、東と南、約百メートルに火の手が浮き上がった。

階下にいた敏子さんの母吉田たきさん（当時七十三歳）と妹香代子さん（当時三十三歳）も、飛び起きたらしい。

この日の夕方、敏子さんは、岡山へ疎開している下の子供二人（今津国民学校）に手紙を書いた。

「家が焼かれるかも……と思いましてネ。写真も五、六枚同封してやったのです。この時は、疎開先の子らがみなし子になっては、と命が第一で、家は二番目の気持ちでした。それが、あとで聞けば、末っ子がこの日、家が焼ける夢を見たとのこと。虫が知らせたのでしょうか」

二日間の空白がもたらした油断からか、空襲警報も間に合わぬまま、爆撃が始まった。

これに先立つこと十日。七月二十七日と三十一日に飛来したB29一機が「日本国民に告

ぐ」という空襲予告ビラを投下した。軍部は「敵の謀略」と、モミ消しの情報を流した。だが、このころにはソ連の連合軍加盟参戦は確定的で、軍部も戦意喪失。いろんな情報が乱れとぶ中で、市民の一部は、予告ビラが確実な〝死の使者〟のノックであることを察知していた。

〈0時10分〉B29一機、まず香櫨園付近より当市の攻撃を始む。陸続として飛来せる百機程のB29は、焼夷弾を投下し、焦熱地獄を現出。北方地区は、爆弾の混投に依り破壊損傷家庭を多く生ず。（西宮・越水町会「空襲罹災記録」）

〈0時16分〉大阪、兵庫空襲警報発令。〈0時18分〉西宮市ヲ攻撃中。（県商工経済会「防衛日誌」）

降りかかる焼夷弾。火の手は点から線に、さらに一塊の炎となって、夜空をこがし始めた。浩一さんと敏子さんは、家財道具を近くのあき地に運び出し、投弾の間隔をぬって母親と妹を、三、四十メートル南の飛行場退避壕へ避難させた。陽子さんを含め残った三人は、防火用水からバケツで水をかぶった。

「火をたたき消せ。焼夷弾なんかこわくない!」

浩一さんは、シューと火を吹き始めた焼夷弾を、片っ端から足でもみ消しにかかった。

だが、B29はすさまじい轟音《ごうおん》を上げて、百メートル間隔の編隊飛行で突っ込んでくる。さすが強気の浩一さんも、これまでと観念。敏子さんら二人を連れて、母親たちの待つ退避壕へのがれた。

この退避壕は、あき地や野原へ百メートル間隔に、土で盛り上げた馬てい型（高さ三メートル、開口部の幅十四、五メートル、厚さ三メートル）。空襲のつど、鳴尾飛行場から兵隊たちが、飛行機を押して隠しに来た。天井部分は吹き抜けで、爆風よけがある程度。三人がかけつけた時、壕には五、六十人の先客と、トラックが一台置かれていた。

壕から半径百メートル前後は四方、火の海。建て物から離れているため、延焼の心配はなかったが、熱風が焼けつくように皮膚を刺す。ぬらしたはずの衣服が、たちまちかわいた。

「お母ちゃん、目が痛い」

陽子さんが叫んだ。熱い。たまらないほど熱い。

水たまりを見つけた敏子さんは、そこへ頭を突っ込み、こね回すように全身をドロ水にひたそうとした。みんな、あとに続いた。煙が渦を巻いている。鼻とノドへ、容赦のない追い討ちだ。

「ほんとうにひっきりなしにB29が飛んできた。これだけ焼いておいて、まだ焼夷弾を落とすのか、と、うらめしい気持ちがいっぱいで……」

浩一さんは、それでもあきらめず、攻撃が途切れるたびに、自宅へ消火にかけ戻った。しかし、しょせん食いとめられる勢いではない。家並みが次々と炎に浮かび上がり、のまれていった。

自宅にも火がはいった。二階の窓から吹き出す火を、藤本さん一家は虚脱の中で見守っていた。

——西宮市付近ヲ攻撃シタ第一番機ハ北進シ、第二、第三番機ハ逐次攻撃中。ナオ淡路島付近ニ、第五、第六、第七ノ目標アリ、何レモ同市ヲ攻撃スルモノト思ハレマス。ナオ後続機モ逐次攻撃スルモノト思ハレマス。（県商工経済会「防衛日誌」）

五日深夜から六日未明にかけて、阪神間最後で最大の空襲は、こうして始まった。

芦屋の罹災者一万六千

大阪湾上に照明弾が炸裂《さくれつ》し、阪神間の市街地が真昼のように照らし出されたとき——。東六甲山系の中腹、神戸営林署剣谷森林気象観測所の望楼から、人呼んで〝人間灯台〟の池野良之助さん（当時三十五歳）は、この光景を、目の下に見ていた。

照明弾が消えると、芦屋の市街地に、赤い点が一つ二つ。それが、どんどんふえ、浜手は大きな炎となって揺らぎ始めた。

「午後十一時半ごろでしたか、解除になった警戒警報が再び出たので、望楼から下を見ると、芦屋はもう燃えていました。西宮の火の手は、まだ見えなかった」

これと、ほぼ同じころ——。

芦屋市役所で宿直していた教育課主事佐藤良則さん（当時三十四歳）は、

「ドドーン」

と、西の方から聞こえてきた爆発音に飛び起きた。警戒でかけっ放しのラジオは無音のまま。

「空襲だ！」

ハダシで宿直室を走り出て、警防課へ飛び込み、警報サイレンにスイッチをいれた。

「ブゥー、ブー、ブー」

いらだつように、断続音が空へ吸われていく。だが、その時には、各所で火災が起きていた。

市役所東側の精道国民学校（当時、食糧営団大豆倉庫）の二階建て木造校舎も、炎上し始めた。児童たちは、岡山県へ疎開中。この日は、女の先生二人が宿直していた。その一人、古川英子さん（当時四十二歳）は、

「宿直室の西の窓は真っ赤。勅語をかかえ、池の水にひたした毛布をかぶって校内の防空壕へ逃げ込みました」

焼夷弾は雨のように降りそそぐ。女二人では手のほどこしようもないまま、校舎は中央部から燃え始めた。壕の中へも火煙が吹き込んでくる。古川さんらは、壕を飛び出して市役所横の壕へ逃げた。

焼夷弾にまじって、爆弾も落ちた。

精道校から北東の三八通り、甲陽市場一帯は、たちまち火の海となった。同校から東約三百メートルの宮川国民学校も、鉄筋校舎の中に火が回った。

児童たちはこのニュースを、岡山県の疎開先で聞いた。

「八月六日。神戸東部、西宮空襲をラジオが報じる。子供らには知らせまいとの岸本、伊

勢田両君の意見に従う。でも子供の我々の顔色を見るのは早い。〟先生何かあったの〟〟僕の家は――〟やつぎばやに聞き漁《あさ》る。午後四時、ついに第一番にかけつけた津知の永井利夫氏によって一切の状況が判明する。暗然として声なし。見れば子供らがその悲しみを直接聞くを避け、観音堂の周囲に不安なまなざしを向けて取り巻く。（精道国民学校・松島正之助教諭の日記）

寝入りばなの不意討ちと、かつてない大量の焼夷弾に、火たたき、バケツリレーの消火体制は、何の役にも立たなかった。市の中心部から南へ、ふくらむ火炎の中を、市民たちは逃げまどった。

食糧営団芦屋米穀出張所配給主任の中島富蔵さん（当時四十四歳）は、芦屋川の西、清水町の自宅から芦屋警察署へ向かっていた。被災者へのたき出しにかかるためだが、同署西の芦屋川にかかっている公光橋《きんみつ》は、燃えていて渡れない。右岸沿いに北へ大回りし、阪神国道をつなぐ業平橋《なりひら》を渡った。橋の下には避難してきた大勢の人が身を寄せ合い、すぐ北にある公会堂の屋根は、焼夷弾を受けて赤い〟舌〟を出していた。川沿いの松も、パチパチはじけて燃えている。

やっとの思いで左岸を南下、警察署の地下室へかけ込んだが、混乱でたき出しどころではなかった。

その時、業平橋の下にいた小西友さん（当時十四歳）は、燃え上がる市街地の印象を、

「煙が銀色に渦巻き、火柱を上げて家が燃えている。塗りつぶしたような闇に浮かび上がる赤い炎のコントラスト。公光橋が透き通るような真っ赤な色で橋全体を浮かび上がらせ、真ん中から焼け落ちていった」

と、話している。

市街地の火の手が最高潮に達したころ、油煙を含んだ真っ黒な雨が降った。夕立のような激しい雨足に、狭い芦屋川はみるみる水かさをまし、小西さんらの足元をぬらした。

B29は、市街地を南西から北東へかけて襲っていった。

阪神電車芦屋駅、同打出駅、省線（国鉄）芦屋駅周辺を軒並み焼き払い、市内北東部にポツンと残る岩園国民学校（当時川西航空機甲南製作所倉庫、海軍部隊駐とん）も爆撃目標に置いていた。

——二十年八月五日、市は大空襲を受けて多くの犠牲者を出し、その大半は灰燼《かいじん》に帰した。なかでも校園の被災はとくに著しく、精道国民学校は鉄筋校舎を除き、宮川国民学校

（現県立芦屋高校）は鉄筋校舎を残して、それぞれ大部分を焼失、岩園国民学校は全焼し、わずかに山手国民学校のみが、その姿を残すという惨状であった。……各学校園併設の幼稚園は二十年四月から休園していたが、これも山手幼稚園を除きすべて焼失（宮川は一部）している。（芦屋市教委二十周年記念誌）

芦屋市史によると、この日の市内の投下焼夷弾は約千五百発、小型爆弾四十発。死者八十九、重軽傷百二十九、行方不明二。全焼二千七百三十二戸、全壊十一戸。罹災者は一万六千三百七十九人にのぼった。

〝ヤケ酒〟に人の群

「昼間、あき地に栽培していたイモ畑の草引きに行き、その疲れも手伝って、寝入った矢先の空襲警報。サイレンの音に飛び起きた時、すでに西の空は真っ赤だった」

芦屋市境に近い、西宮市水道課職員南野三郎さん（当時二十九歳）は、妻子を自宅の防空壕へ避難させた。その直後に焼夷弾の落下。鏡台の鏡掛けが爆風で飛び、それへ落ちた火がついて、座敷へ燃えひろがった。

「門から塀にかけて燃えるさまが、イルミネーションのようだった。妻と子は国道へ逃げ、

跡かたもなく破壊された西宮神社（藤田武夫氏撮影）

そばの壕へはいろうとしたら〝ここは私の壕だから〟と追い出されたそうです」

ともかく市役所へ。南野さんは、火の海をくぐって自転車を引き出し、国道へ出た。

芦屋の方角から牛が五、六頭、猛烈な勢いで走ってくる。向かうところは火の中。このまま突っ走れば、逃げまどう人たちに負傷者が出る。南野さんは、飛び出して先頭の牛を制止すると、次々につかまえて国道のイチョウにくくりつけた。

〈0時30分〉第八番目標ガ西宮市ニ侵入シ、一帯ヲ攻撃中。第十一目標ガ淡路ノ上空ヲ東北進シ、敵機ハ逐次北東進ヲ始メ、南進中ナリ。

〈0時40分〉現在大阪湾上空ヨリ侵入シタ

目標ハ十七ナリ。何レモ東北進シ京都ニ侵入、奈良県ヲ経テ南下、脱去中。

〈0時52分〉淡路ヨリ西宮付近ニ進ム敵機アリ。

南野さんは国道を東へ向かって、懸命にペダルを踏んだ。途中、またB29の編隊が上空をかすめた。放置されてあった馬力《ばりき》の下へもぐり込んでやり過ごし、再び自転車へ。

国道電車西宮西口停留所（現在の富士銀行西宮支店のところ）に積んであった木材が、紅《ぐ》蓮《れん》の炎を吹き上げている。国鉄の土手も、国道の電柱も火、火、火……。

〈1時10分〉現在全部デ四十二目標トナリマシタ。敵ハ依然、後続機数目標アリ、紀淡海峡ヲ経テ大阪湾ニ侵入中。

同じころ、西宮市浜脇町六四に住んでいた神戸銀行今津支店の山本万治郎さん（当時四十七歳）は、近くの建て物疎開のあと地に掘った防空壕にいた。

「ラジオで芦屋が空襲を受けていると聞いて、来たな、と思ったのもつかの間、照明弾一発を合図に、あたり一面が青い炎に包まれた」

まさに不意討ち。妻千代子さん（当時四十三歳）の背中に、三女皖子《きよ》ちゃん（当時三歳）をくりつけて防空壕へ。だが、この壕は、三尺掘れば水が出るという低地帯だけに水びたし。爆撃の切れ目をみて、隣の人と市役所東側にあった大きな壕へ、火をぬって急いだ。

「ぬれたムシロをかぶっていたが、アッという間にかわいてしまう。どこへ逃げても熱風の中。東風だったのか、柴田さんという家は、南側に焼夷弾が落ちたのに西側から燃え上がった。しばらくして、風が回り始めた」

山本さんの近所で焼け残ったのは、寿海の坂口さんの本宅と、辰馬悦蔵酒造の酒倉、浜脇国民学校、その前の五、六軒と幼稚園だけだった。

その夜、山本さん一家は、西宮職安の片すみで、まんじりともできず夜明けを待った。

「翌日でしたか、酒蔵に火がはいってタダ酒が飲める、という話が伝わったものだから、近くの製びん所から五、六本ずつカラびんをもらってきて、ワッと押しかけた。何しろ、酒のにおいからさえ遠ざかっていた折りだけに、赤く焼けただれた酒をビンにつめて、貴重品のように持って帰った。その時はまだ、酒のカスから青い火が上がっていた」

——西宮の酒造蔵は辰馬本家酒造株式会社の基本蔵である白鹿館を除いてはほとんど焼失し、壊滅的な打撃をうけた。西宮酒造株式会社の報告によれば、諸建物延べ一万七千余坪（五・六一ヘクタール）の九割を焼失し、死亡五名、重傷三名の犠牲者を出している。……この空襲によって焼失した清酒は五万石（九〇一九・五キロリットル）にのぼり、焼失を免れ

たもの二万石（三六〇七・八キロリットル）とされている。（西宮市史）
文字通り〝ヤケ酒〟に、人が群がった。手びしゃくですくうものから、口をつけてすするものまで。なかにはバケツを下げて持ち帰る人もあらわれ、やがては、それが普通になった。
西宮戎神社の南側に、福井治兵衛さんの経営する「阿波屋」というミソ屋があった。ここへも群衆が押し寄せた。
「味噌泥が戦災地西宮市で二十数名も捕われた。憎き敵機の姿がひそみ夜も白々と明けたとき、市内某味噌製造所の貯蔵庫の破壊されたところへ、近隣の男女がドッと押しかけてバケツ、ざる、丼（どんぶり）風呂敷などに味噌を包み去るので番人が制止したが一向聞く様子もなく、雷同するものが次第に数を増すので、西宮署員が駆け付け、一部を引捕えて留置した。味噌に限らず、戦災地を荒らす不心得者を同署では断乎取締まり処罰する。（八月七日付け神戸新聞）
このころになると、一般市民の間にも日本の敗戦を予測するものが多く、各市の防空態勢

8月6日の空襲で一面ガレキと化した西宮・本町筋付近

もバラバラ。その混乱ぶりは、野田文一郎神戸市長の次の市会答弁（七月一日）にはっきりと現われている。

「敵は夜となく昼となく、縦横にわが領土の中を飛びまわるという今日の現状において、神戸市がどう力んでみても、この空襲をまぬがれることはできますまいし、さればといって空襲があった場合にどうするかといいましても、県の方針であったか、内務省の方針であったかよく記憶はいたしませぬが、あるいは天井をはずしてみたり、いろいろなことをやられたようでありますが、私は天井をはずしたためにどれだけのものが助かったであろうか、ということに疑問を持ちます。そういう小さい小細工をやってみたところで、この大勢に対して抗することはできぬ、ということは本当の事実であります。……なにぶんにも、焼夷弾かと思えば爆弾。爆弾は小さいのかと思うと、大きいのがくる。常に手をかえ、科学の力によって空襲のやり方も変わって参りますし、それに対して市の力をもってどうにも防衛の仕方がないというのが、実情であります。……防空壕だとか、水槽だとか、いろんなことをやりましたけれども、今日では大した役に立たなかったのみならず、それを信頼して、かえって焼け死んだという事例もあります。こういうことに対しましても、市としてどういうふうにすればよい、という確固たる考えをもっておりませぬ」

焼夷弾の林になった甲子園

芦屋から順次東へ、とひろがった〝じゅうたん爆撃〟は、執拗《しつよう》をきわめた。

「五百メートルぐらいの低空で浜から侵入、焼夷弾は北から南へ流れた。一週間前に予告ビラがばらまかれていたが、実際にやられてみると、それはすごいものですよ」

西宮市の浜手、石在野三二に住んでいた教員宮本茂さん（当時二十五歳）は、焦熱地獄を振り返る。

「こう、どこもかしこも燃え上がると、市街に一人の人影もない。ただ、建て物や電柱、電線、街路樹が音をたてて燃えるにまかせる、無気味で、異様な光景でした」

宮本さんも、自宅から浜へ逃げた。途中、

「助けてください」

という悲痛な叫びを聞いた。足に焼夷弾の直撃を受けた一人の婦人が、倒れている。が、四方は火。かついで行ける状態ではない。手の出しようもなく、目をつぶる思いで通り抜けた。

みすみす見殺しにすることがわかっていても、わが身一つが生死の境。同じ経験を、歯ぎしりする思いで語る人は多い。西宮警察署西畑駐在所の下戸福夫巡査（当時二十八歳）も、その一人だ。

空襲と同時に駐在所を飛び出した下戸さんは、横の防空壕に三十人ほどの人がはいっているのを見た。

「これでは、焼夷弾一発で全滅する」

こう判断した下戸さんは、中にいる人に、他の壕へ移るように指示すると、自分は飛行場の退避壕へ走った。

この壕は、甲子園町の藤本浩一さん一家が避難していたのと、同じあき地のえんぺい壕だった。下戸さんはその外壁にへばりついて、空をにらんでいた。

だが、周辺に迫る火勢にあぶられ、鉄カブトで近くのドロ水をすくい、頭からかぶって熱さをしのいだ。

「そこへ行く途中、ナスビ畑でおばあさんが足を焼かれ、衣服に火がついて助けを求めていた。しかし、だれも手を出せなかったのです」

火ダルマになろうとする老女の姿が、いまも目に残る。綱引町では太田一男市議が直撃で即死、甲子園球場南二百メートル付近の各家では、庭の壕の中で多くの人が死んだ。

「いずれもあぶり殺しだった。家の中に防空壕を作ればいい、というのが大きな誤算。みんな自宅の壕の中でやられたのだから」

いまも下戸さんが、強烈な印象を残しているのは甲子園球場だ。

「一歩はいって驚いた。青い芝生に何百という焼夷弾が突き刺さっていて、野球のバットを直立させた林のようになっていた。焼夷弾の外側の鉄パイプが、焼け残っていたんです」

炎は西宮市南部の外周から、うず巻き状に市の中心部へ進んだ。

洋画家の河野通紀さん（当時二十七歳）は、六月十五日の空襲で津門宝津町の自宅を焼失。この日は、与古道町にある妻敏子さんの実家の酒屋にいた。

浜脇、甲子園で火柱が立ったと思う間もなく、近くに焼夷弾が落ち、バチバチと軒下が、はぜ出した。家族全員が裏庭の防空壕へはいっていたが、敏子さんはその音で、長女恭子ちゃん（当時三歳）を連れ、母親、弟らと外へ出た。

「だめだ、あぶないぞ。逃げろ」

敏子さんの父親が絶叫。家族と別の壕にいた河野さんは、この声ではじけるように飛び出した。東も西も南も、火の手に包まれ、ただ一つ残された東川の右岸を北へ。

阪神西宮東口駅まであと少し。交番所の前まで来ると、急に身がすくみ、ヘナヘナとしゃがみこんだ。あたりに人影はない。

「早く逃げないと――」

不吉な予感にせかされて、立とうとした瞬間、

「シュル、シュル、シュル」

と、頭上に焼夷弾の落下音。強いサーチライトの光が、クワッと飛び込んだように目がくらんだ。次の一瞬、全身火だるま。黄リン焼夷弾だ。これは、炸裂して飛び散ると、黄リンの付着した部分がすべて燃え上がる、おそろしいヤツだった。

河野さんは反射的に、火の海と化したアスファルトの道路を、無謀にもころがった。

「もうアカンと思った。それから記憶がプッツリと途切れて……」

家を出た時の服装は、背広上下にワイシャツとネクタイ、それに防空頭巾、白軍手、ゲートル、軍靴《ぐんか》で身を固め、肩にはカバンと手さげ金庫を十文字にかけていた。だが、気がついた時は、上半身丸ハダカ。夢中で脱ぎ捨てたらしい。

河野さんは立ち上がると、気力をふりしぼって歩き出した。西宮東口駅の踏切を渡って北へ。道に面した家並みも火を吹いている。道ばたにあった防火用水のバケツの水をザブリ。そのまま、バケツを鉄カブト代わりにかぶり、阪神国道わきの防空壕へころげこんだ。

「あんた、足が、ゲートルが燃えてますよ」

注意されて、あわててたたき消したが、焼けたのは足だけでなく、顔、そして頭髪の一部もこげていた。

「ここにいてはやられる」

と、再び壕を出た。さまよううちに、敏子さんの弟とバッタリ。さらに西国街道へ上がる道で、恭子ちゃんを背負った敏子さんと、母親にも再会した。同じ道を一足先に走り抜け、焼夷弾の雨にさらされたという。

近くに交番所を見つけて、かけ込んだ。興奮していて痛みは感じなかったが、ヤケドはひどかった。硼酸軟膏《ほうさんなんこう》を分けてもらい、顔中にすりこむ。

それから後、五人は西国街道を武庫川に向って黙々と歩いた。途中でトラックに乗せてもらって、甲武橋を渡り、夜が明けやらぬうちに東武庫村（現尼崎市）の叔父の家にたどりついた。

「妻と何を話したのやら、空襲の様子はどんなだったのか、ほんとうに記憶が薄いんです。それだけ夢中の逃避行だったのかも……。火をかぶった顔は一面ずるむけ。幸い、処置がよかったのか、跡もなく直りました」

傷は消えても非常な光景は記憶から消えない。手首には、ワイシャツと手袋の間の膚を、環状の線が巻いている。

被爆記念の腕輪のように——。

麻酔なしで腕を切り落とす

夜空を裂く空襲警報のサイレンで、西宮市甲子園五丁目の小西範子さん（当時二十六歳）一家が飛び起きた時、すでに西宮の空は焦げていた。

市立西宮高女で家庭科を教えていた範子さんは、その時、

「だいぶ大きいな。こっちへ来そうや」

という兄久嘉さん（当時二十八歳）＝神戸・暁部隊所属＝の声を聞いた。

と、間もなく、ザザザーッと焼夷弾の空気を切り裂く音と、爆弾の炸裂音。

「打ち上げ花火の最後に落ちてくる火の玉のように降ってきた。そのため、いまも花火を見るのがこわくて……」

その火の一つが納屋へ落ちた。父、晃《いく》さん（当時六十四歳）と久嘉さんは、消火に走った。二人で井戸水をくみ上げ、水がかわいて底のドロまでかけた。

妹の停子さん（当時十九歳）は母こいとさん（当時六十一歳）を助けて、防空壕へ逃げた。範子さんがそれを見とどけ、自分も逃げようとした瞬間、

「ドシン」

と、爆弾のはじける音。

「人がぶつかったような感じで、気がつくと左腕の感覚がなく、上膊《はく》部の下から血が出ていた」

範子さんは、五十メートルほど離れた上甲子園国民学校の救護所へ走った。道一面に、ロ

ウソクをともしたような火がひろがっている。ワラぞうりでは、足の踏み場もない。よろけながら走っていると、軒先に男の人がうずくまっている。腰に下げたタオルを、あごでしゃくって、

「これで腕をしばって下さい」

と、頼んだ。

「こわい。ようせんワ」

その男の人は、ふらっと立ち去った。二、三カ月後、近所にたずねて来て、

「ザクロのように割れた傷口を見てこわくなったが、あの娘さんはどうなりましたか」

と、安否を確かめたという。

範子さんの腕をつらぬいたのは、東隣の米津惣吉さんを直撃した爆弾の破片だった。町内会の防空部長だった米津さんは死亡。別の破片は、範子さんの家の、仏像の眉間《みけん》を突き破っていた。

自宅の壕から、学校へ避難していた妹の停子さんは、爆撃が遠ざかってから壕を出た。自宅付近が燃えている。降り出した黒い雨をついてかけ戻ると、家は無事だったが、近所

の人から、

「姉さんがえらいケガや」

と知らされてびっくり。母や兄といっしょに、範子さんのいる壕へかけつけた。

夜明けを待って、血に染まった範子さんを、甲子園ホテルを転用していた〝海軍病院〟へ。真夏の傷は、化のうするのが早い。医者は、

「すぐに切断しないと、あぶない」

という。家族はなんとか切らずに、と願ったが、医者は容赦しなかった。

「麻酔もないまま、上膊部から切り落とすのですから、もう痛くて……。頭の中を、錐《きり》でまぜかえされたような感じでした」

手術がすんだあと、他の重傷者とトラックで、市役所横の旧武徳殿へ収容された。

「畳敷きに、たくさんの人がねかされていた。家が焼かれたせいか、傷の痛さか、発狂者が何人も出て、体の上を歩き回るんです。私も傷口を踏まれました」

——五日夜半から六日の暁にかけての空襲で、市の南部市街地はほとんど全滅。被害は焼夷弾と爆弾によるもので、死者四百八十五人、重傷者六百五十人、軽傷者千百人、全焼・全壊家屋一万三千四百六十九戸、半焼・半壊家屋百十一戸、罹災者五万六千五百九十一人を数

えた。(西宮市史)

染殿町にあった範子さんの勤め先、西宮高女も全焼。校庭は、死体の収容場所になった。「親類縁者を求める人が、死者を一人々々検分した上で、校庭のイモ畑の中に焼け残りの木材を並べて三十人、四十人と何度も火葬された」(市立西宮高校創立三十五周年記念号〝松柏〟)

今津一円の死者は、津門呉羽町の浄願寺に集められた。その収容に当たった現場責任者の西宮警察署、竹谷末一巡査(当時三十三歳)が、警察手帳に書きとめたメモによると——。

六日午前十一時四十分現在、六十二体(うち身元未確認二十八体)▽午後二時、七十三体(同十一体)▽午後二時半、七十四体(同六体)

どうしても、身元の確認できない六遺体が残った。

その中の婦人の一遺体は、二百円札二枚、百円札一枚、五円札十一枚、計五百五十五円の現金と、三通の預金通帳を持っていた。通帳の名義には「浅井春枝」「浅井忠良」とあった。

浄願寺に並べられた遺体は、竹谷さんらの警戒の中で一夜を明かし、七日、道路に壕を掘って、火葬にふされた。

「浜風をよけるため、風上にトタンをかけて火をつけたのだが、びっくりするほどよく燃えた。遺族は、それぞれ身内の遺体の枕元にカワラやレンガを置いて、目じるしにしていました」

あと十日終戦が早ければ

Ｂ29百機による阪神間最後の大空襲は、夜明けとともに、無残な傷跡をあらわにしていった。

〈2時11分〉阪神地区攻撃ノ大部分ハ淡路ヨリ南方ニ脱去中。新ニ侵入ノ敵機ヲ認メズ。……燃焼防止ニ敢闘シテ下サイ。

〈2時16分〉大阪・兵庫、空襲警報解除。

〈2時54分〉大阪・兵庫、警戒警報解除。

寺東金二さん（当時三十六歳）は奥さんの義妹、芦屋市宮川町の金児光子さん（当時二十五歳）宅の焼け跡に、ぼう然とたたずんでいた。

「金児の家は、主人が出征中。私の家によく遊びに来ていました。五日夜、大桝町の私の

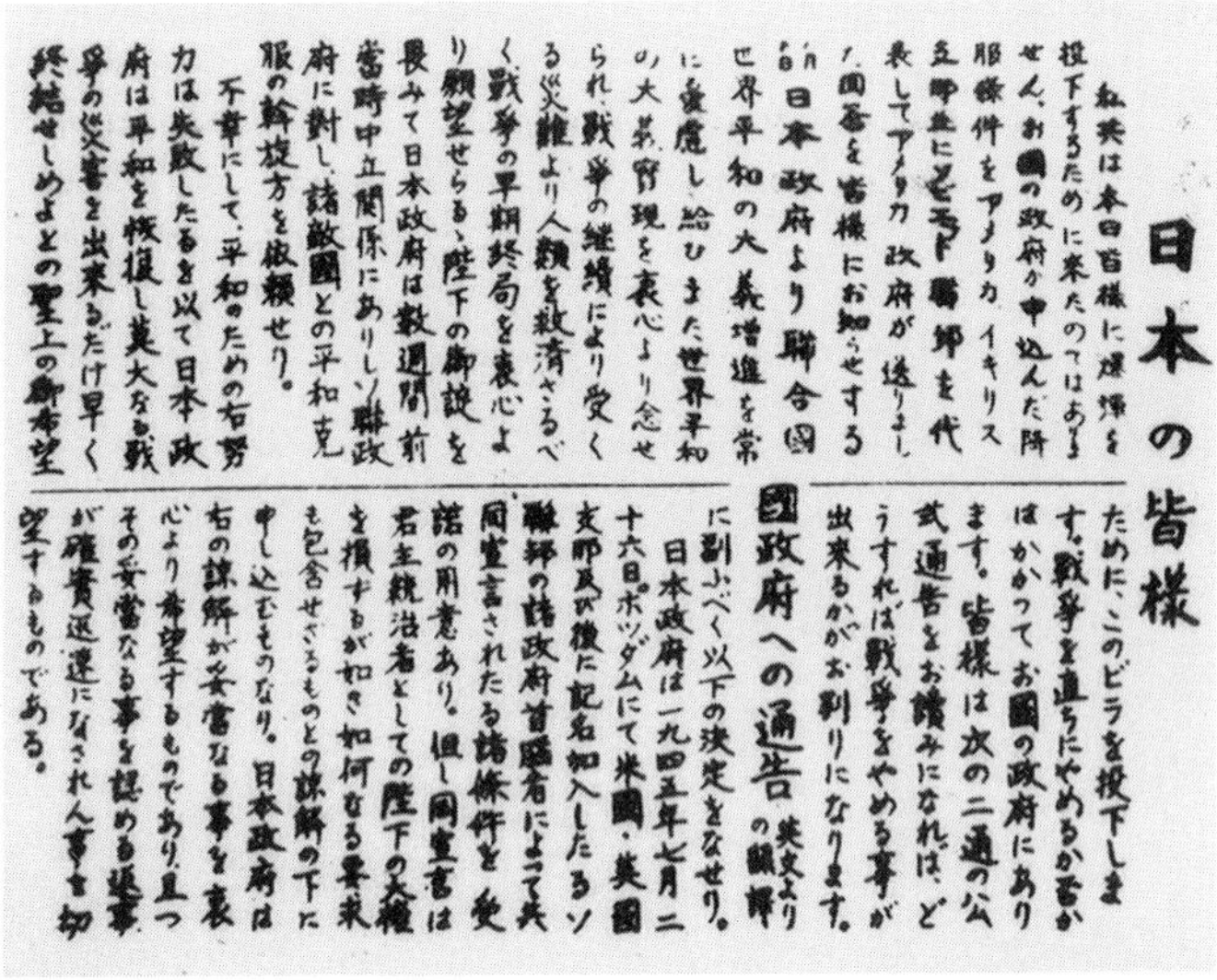

日本の皆様

私共は本日皆様に爆弾を投下するために来たのではありません。お國の政府が申込んだ降服條件をアメリカ、イギリス、支那並にソビエト聯邦を代表してアメリカ政府が送りました回答を皆様にお知らせするために、このビラを投下します。戰爭を直ちにやめるか否かはかかってお國の政府にあります。皆様は次の二通の公式通告をお讀みになれば、どうすれば戰爭をやめる事が出來るかがお判りになります。

日本政府より聯合國政府への通告（英文よりの翻譯）

世界平和の大義増進を常に憂慮し給ひまた世界平和の大義實現を衷心より念せられ、戰爭の継續により受くる災難より人類を救済さるべく戰爭の早期終局を衷心より願望せらる、陛下の御諚を畏みて日本政府は数週間前當時中立関係にありしソ聯政府に對し、諸敵國との平和克服の斡旋方を依頼せり。

不幸にして、平和のための右努力は失敗したるを以て日本政府は平和を恢復し莫大なる戰爭の災害を出來るだけ早く終結せしめよとの聖上の御希望に副ふべく以下の決定をなせり。

日本政府は一九四五年七月二十六日ポツダムにて米國・英國支那及び後に記名加入したるソ聯邦の諸政府首脳者によって共同宣言されたる諸條件を受諾の用意あり。但し同宣言は君主統治者としての陛下の大權を損ずるが如き如何なる要求も包含せざるものとの諒解の下に申し込むものなり。日本政府は右の諒解が妥當なる事を衷心より希望するものであり且つその妥當なる事を認める返事が確實迅速になされん事を切望するものである。

終戦間ぎわにB29が投下したビラ。ここで初めて日本政府の降伏条件が紹介された。

家も焼けたが、全員無事。空襲がおさまり、金児の家のあたりがやられたと聞いてかけつけてみると……」

柱一本残っていなかった。くすぶる煙をすかして見ても、光子さんたちはいない。

「もしや、防空壕に」

と、裏庭の壕をのぞこうとした。だが、その回りは、六角形の焼夷弾が突き刺さり、燃え続けている。

バケツで水をかけ、壕内をのぞくと、光子さんが美恵ちゃん（当時一歳）を抱き、哲也君（当時二歳）美紗子ちゃん（当時四歳）の二人と足を伸ばし、壁にもたれて死んでいた。

「窒息死でした。壕の外は、焼夷弾で出るに出られなかったんですネ。みんなロウ人形みたいで、顔だけはオレンジ色に変わっていました。もうかわいそうで……」

四人の死体を運び出す手伝いを、そこの隣保長に頼んだが、

「ご自分のところでしてほしい」

という冷たい返事。見ると、近所の人たちが、焼け残った畑のナスビやキュウリを、われがちに奪い合っている。

激怒した寺東さんは、

「手伝ってくれないで、そのザマは何だ!」

と、思わず叫んでしまった。

だれが悪いのでもない。戦争が人間を変えた。無性に腹立たしく、悲しい思い出だ。

「警報解除」に、中村あさ子さん(当時三十歳)は、宮川のすぐ東、阪神電車北側沿いの防空壕で、ホッと一息ついた。いっしょにいた四人の子供たちには、かすり傷一つない。夫の巳之助さん(当時三十九歳)は、山手国民学校の防衛召集本部に向かった。

金児さんの家から、あさ子さんのいる壕まで、阪神電車沿いに東へ四百メートルたらず。

その時、あさ子さんは、さっきまで焼夷弾の落下音が、阪神電車のレールに共鳴して、

「ヒュー、ヒュー」

うなった断続音を思い出し、首をすくめた。

「四人の子供は夜明けまで寝かせるつもりで、壕の中に残した。幸い家は無事。私は、逃げるとき外へ運んだ家財道具を整理しようと思って、壕を出たんです。子供がこわがらないよう、壕の戸口をしめてやりました」

壕から東へ百メートル。ガードを南へくぐり、若宮町の自宅付近まで来たときだった。頭上に「ゴー」という爆音が迫ってきた。

その少し前、芦屋市役所の上空を、夜目にも白いパラシュートが降下しつつあった。

「空襲や、敵機がまた来たぞ。空襲――」

その声に、道行く人たちは、クモの子を散らすように逃げた。

「どうしよう、子供を壕の中に置いてきた」

立ちすくむあさ子さんに、近所の人たちが叫んだ。

「そんなこと言うてたら、あんたがあぶない。早く壕にはいれ」

瞬時に近づく爆発音。

「ババーン」

大音響があたりに響いた。子供たちのいる方角だ。走る足に切断された電線がからみつく。壕の付近には、戦闘機の機体らしいものが散乱。壕はざっくりと押しつぶされていた。

「子供が、子供がやられてしもうたあー。だれか助けて!」

あさ子さんの悲鳴が響いた。半狂乱になって、ガードと壕の間を、何度も何度も往復した。

だれも手を差しのべてくれなかった。押し黙る、近くの壕の人たち。東の空はもう白い。さまようあさ子さんに、外にいた男の人が、

「落ちたのは友軍機やで。翼に日の丸がついている。壕の中で、だれかもの言うとるようや」

と、教えてくれた。

「一生恩にきるから掘ってやって」

と、手を合わせたが、

「憲兵が立ち合わなければ」

と、ニベもない。通りかかった芦屋署員も、あさ子さんを無視した。

急を聞いて、巳之助さんと姉婿の岸田藤四郎さん（当時三十九歳）がかけつけ、救出作業が始まった。近所の人たちも、やっと手を貸してくれた。

やはり友軍機が落ちていた。目撃者の話と、現場の状況を合わせると、山手上空で火だるまになった機体が、宮塚橋西の畑をそぎ取るように、阪神電車北側の石垣に激突。胴体部分が子供たちのいた壕を押しつぶし、翼は阪神電車南側の民家をこわして、約二百メートル吹っ飛んでいた。

くずれた壕内から、由喜子さん（当時十一歳）ひとみちゃん（当時三歳）ひろみちゃん（当時生後十カ月）――三人の窒息死体が見つかり、二女の文子ちゃん（当時八歳）だけが、奇跡的に助かった。

市役所上空のパラシュートは、墜落機のものだった。操縦士は芦屋川右岸に降りると、どこともなく姿を消した。あさ子さんが、軍関係者から聞いた話では、

「空襲偵察中、エンジンに故障を起こした」

というのだ。軍からの見舞い金は、当時のお金で五十円だった。

「もっと早く、掘り出してくれたら――。B29でなく、友軍機で死ぬなんて……」

この二十七年間、あさ子さんが持ち続けた怨念《おんねん》のことばだ。

この大空襲による焦煙が、まだおさまらぬ六日朝、広島に原子爆弾が投下された。九日には、長崎に第二弾。

八月十四日、日本はついにポツダム宣言を受諾、連合国に無条件降伏した。降伏を勧告したポツダムが、日本政府に発せられたのは七月二十六日。

「せめて、もう十日、終戦が早ければ――」

あきらめ切れぬ口惜しさが、多くの人々の胸をかんだ。

兵庫県下の被害状況

「復興誌」（兵庫県土木部発行）より

	罹災面積	罹災者	死者	負傷者	罹災家屋
神戸市	16,830,000㎡	470,820 人	6,235 人	15,331 人	128,181 戸
姫路市	2,894,100	57,466	519	516	12,604
尼崎市	5,280,000	43,282	479	709	12,798
西宮市	7,434,900	67,867	716	1,301	15,525
明石市	4,009,500	49,356	1,464	1,331	15,668
芦屋市	1,844,700	18,171	145	170	3,054
御影町	1,871,100	15,740	442	416	4,220
魚崎町	488,400	5,740	108	236	1,325
本庄村	924,000	15,656	436	225	2,396
住吉村	993,300	13,286	59	511	2,695
本山村	787,600	6,714	143	194	2,505
鳴尾村	2,055,900	19,993	188	235	4,158

■兵庫県下のおもな空襲（各市の「市史」より）

昭和17年
4月18日　**本土初空襲**　B25一機神戸へ。兵庫区に投弾、死者一。

昭和20年
1月3日　神戸。B29一機神戸上空へ。
19日　**川崎航空機明石工場**。B29六十三機明石を爆撃、明石、伊川谷村で死者三四七。
20日　明石、阪神間。B29一機が投弾、死者一。
2月4日　**川崎、三菱造船所**。B29八十五機が神戸市林田区、兵庫区、湊東区に投弾、死者二六。
5日　神戸。B29四機が来襲、死者一。
6日　神戸。B29五機が灘区、神戸区などに投弾、死者一四。
7日　神戸。B29二機。
8日　神戸。B29一機が葺合区に投弾、死者一三。
9日　神戸。B29三機。
16日　神戸。B29一機。
18日　神戸。B29一機。

23日　神戸。B29一機。
25日　神戸。B29数編隊。
3月4日　神戸。B29二機。
7日　神戸。B29八機。
10日　**東京大空襲**。死者八万八千七百。
12日　**名古屋大空襲**。
13日　**大阪大空襲**。尼崎に初の犠牲者（死者）。神戸でも死者二。
17日　**神戸大空襲**。B29六十機が来襲、神戸市の西半分が全滅した。死者二五九八、負傷者八五○○余、罹災者は二十三万六千人にのぼった。
18日　神戸。グラマンが機銃掃射、死者一。
19日　神戸。グラマン数十機。
4月1日　神戸。B29二機。
11日　神戸。B29数機、死者二。
17日　神戸。B29一機。
22日　神戸。B29二機、死者三七。
30日　神戸。B29一機。
5月3日　神戸。B29六機。
4日　神戸。B29八機。

6日　神戸。大型機六機、神戸港へ機雷投下。
11日　**川西航空機甲南製作所**。B29六十機が神戸市灘区、武庫郡を爆撃、死者一一〇三、負傷者八二四。また、**西宮**、**芦屋市**も初空襲を受け、西宮では死者八五を出した。
12日　神戸。B29一機が投弾、死者一三。
17日　神戸。B29二機、死者九。
27日　神戸。B29一機。
6月1日　尼崎。長洲、杭瀬地区などで死傷者五〇〇。
5日　**神戸大空襲**。B29三百五十機が来襲、神戸市の東半分と須磨区は灰燼に帰した。神戸市と武庫郡、有馬郡の死者三四五四、負傷者六〇九四、罹災者二十一万三千人。西宮市でも死者三〇が出た。
7日　尼崎、武庫郡。B29二百五十機。
9日　明石。B29二十五機が明石の市街地を空襲、死者六四四、負傷者五九三。
10日　神戸。B29二機。
15日　西宮、尼崎、芦屋、伊丹。B29三百機のうち五つの梯団が来襲、阪神間に大きな被害を与えた。
17日　神戸。B29六機、機雷投下。
21日　神戸。B29六機、機雷投下。
22日　明石、神戸、姫路。明石で死者二八、神戸で死者一六、初空襲の姫路でも大きな被害が出た。

26日　明石、尼崎、玉津町。明石では全世帯の五一％に当たる九千百余戸が被災、死者三五五。尼崎でも五十数人の死傷者を出した。

27日　神戸。B29十二機、機雷投下。

28日　明石。

29日　神戸。

7月1日　神戸。B29二機。

4日　姫路。

6日　神戸。

9日　神戸、西宮、伊丹。B29四機、P51五十機。

10日　尼崎、神戸。P51六機が機銃掃射。

15日　尼崎。

19日　尼崎。P51八機、B29三機。

20日　神戸、西宮、尼崎。B29五十機。神戸市内での死者は二八。

22日　神戸。

24日　**川西航空機宝塚製作所**。西宮、宝塚、明石、加古川。艦載機など百五十機。川西航空機での死者は約一二〇、西宮の死者二七。

25日　阪神間。

28日　姫路、加古川、高砂、相生、赤穂など播州一円と淡路沿岸。Ｐ51のべ千百機。
30日　神戸、姫路、加古川、伊丹。グラマン三百四十機。
8月1日　神戸。Ｐ51二十機、機銃掃射。
2日　神戸、姫路、阪神間。グラマン、Ｐ51四十五機。
5～6日　**阪神大空襲**。Ｂ29百三十機。空襲は尼崎、西宮、芦屋、武庫郡のほか神戸、姫路にも及び、死者は九百三十人を上回った。
7日　神戸。機雷投下。
8日　神戸。Ｐ38、Ｐ51七十機、機銃掃射。
9日　尼崎。死者一九。
11日　神戸、武庫郡。Ｂ29とＰ51、死者五四。
14日　神戸、武庫郡。Ｂ29、艦載機、機銃掃射。

■全国の空襲罹災一覧（太字は県下関係分）

空襲月　空襲日と戦災都市

昭和17年

4月　18日（東京、名古屋、**神戸**）。

昭和19年

6月　16日（八幡、小倉、若松）。

7月　8日（戸畑、若松、長崎、佐世保）。

8月　6日（門司）。11（八幡、小倉、長崎）。20日（八幡、戸畑、若松、長崎）。21日（八幡、小倉、戸畑、若松）。

10月　10日（那覇）。25日（大牟田、長崎）。

11月　1日（東京）。5日（静岡）。11日（福岡、長崎）。21日（佐賀、長崎、熊本）。24日（東京）。25日（大牟田）。27日（東京）。29〜30日（東京）。

12月　3日（東京）。6日（東京）。10日（東京）。11日（東京）。12日（東京）。13日（名古屋）。15日（東京）。18日（名古屋）。19日（長崎）。20日（東京）。21日（東京）。22日（名古屋）。23日（浜松）。24日（東京）。27日（東京）。29日（塩釜）。30日（東京）。31日（東京）。

昭和20年

1月　1日（東京）。3日（浜松、名古屋、大阪）。5日（東京）。6日（九州西部）。9日（東京、横浜、藤枝、沼津、浜松、名古屋、三重、和歌山）。11日（東京、那覇）。14日（名古屋）。16日（京都）。19（浜松、**明石**、**姫路**、**尼崎**、新宮）。20日（**明石**、**阪神間**）。23日（名古屋、**阪神間**）。27日（東京）。28日（東京）。29日（東京、新宮）。

2月　1日（浜松）。2日（東京）。3日（那覇）。4日（岸和田、**神戸**）。5日（**神戸**）。6日（**神戸**）。7日（**神戸**）。8日（**神戸**）。9日（東京、**神戸**）。10日（大田、浜松）。14日（東京）。15日（八丈島、新島、浜松、名古屋）。16日（東京、大島、八丈島、静岡、浜松、**神戸**）。17日（東京、大島、八丈島、浜松）。18日（**神戸**、**阪神間**）。19日（東京）。23日（大阪湾、**神戸**）。24日（東京）。25日（東京、大島、浜松、**神戸**）。26日（東京）。

3月　2日（大垣）。4日（東京、浜松、**神戸**）。5日（東京、門司）。7日（八丈島、**阪神間**、**神戸**、**淡路島**）。9日（銚子）。9～10日（東京、平、磐城）。12日（名古屋）。13日（田辺、堺）。13～14日（新島、大阪、**尼崎**、**神戸**、布施）。17日（**神戸**、徳島県下）。18日（東京、**神戸**、和歌山、鹿屋、出水、西之表、谷山、宮崎県高鍋町、都城、鹿児島）。19日（名古屋、**西宮**、**神戸**、呉、徳島県下山中）。21日（**神戸**）。23日（沖縄・港川、慶良間列島）。25日（名古屋）。27日（大分、長崎）。28日（門司）。29日（名古屋、**神戸**、松山、高知、長崎、宮崎、鹿児島）。30日（東京、名古屋、伊勢湾）。31日（東京、沖縄・神山島、那覇、首里）。

4月　1日（東京、**神戸**）。2日（東京）。4日（東京、群馬県大泉町）。7日（東京、浜松、名古屋、津、宇治山田)。8日(鹿児島、宮崎)。11日(**神戸**、日南)。12日(郡山、東京、倉敷、加世田)。13～14日(東京、大島、八丈島)。15(鹿児島県国分)。15～16日(東京、八丈島、横浜、川崎、九州南部)。17日(**神戸**、鹿児島県加世田)。18日(東京、福岡、宮崎、鹿児島)。19日(東京)。20日(名瀬)。21日(鹿児島、垂水)。22日(**神戸**)。24日(東京、静岡、西之表)。25日(東京)。26日(今治、宇部、鹿児島県国分)。27日(南九州)。28日(東京、南九州)。29日(東京、三宅島、神津島、南九州)。30日(東京、神津島、浜松、**神戸**、鹿児島県東市来町)。

5月

1日(三宅島、八丈島、岩国、九州)。3日(**神戸**、九州)。4日(**神戸**、九州)。5日(**神戸**、田辺、九州)。6日(**神戸**、**淡路沖**)。7日(東京、九州)。8日(今治、九州)。10日(宇和島、徳山、岩国)。11日(**神戸**、**尼崎**、**西宮**、**芦屋**、北九州)。12日(東京、**神戸**)。13日(九州)。14日(名古屋、水俣)。17日(名古屋、**神戸**)。19日(東京、大島、浜松、磐田)。21日(山口県南部、四国、関門)。23日(東京、九州南部)。24日(東京、横浜、浜松)。25日(東京、浜松、**神戸**)。26日(福岡)。27日(**神戸**、**明石**)。28日(千葉、茨木、九州南部)。29日(東京、新島、横浜)。31日(大島)。

6月

1日(大阪北部、紀伊半島、**尼崎**)。5日(新島、**神戸**)。6日(**神戸**、南九州)。7日(豊中、**神戸**、**尼崎**、南九州)。8日(福岡、関門、鹿児島、南九州)。9日(勝浦、八丈島、浜松、名古屋、**明石**、**神戸**)。10日(日立、東京、千葉、浜松、**神戸**、山口、九州)。11日(東京、京浜地区、静岡、南九州)。12日(神津島、山口県西部、宮崎、鹿児島)。15日(神津島、

神戸、**西宮**、**尼崎**、**芦屋**、**伊丹**、豊中、守口、布施、吹田、池田、八尾、徳島）。16日（富山県新湊、門司）。17日（**神戸港**、関門、大牟田、長崎、鹿児島県谷山）。18日（浜松、静岡、四日市、門司）。19日（式根島、神津島、静岡、豊橋、門司、福岡）。20日（八丈島、高萩、豊橋、奈良、延岡）。21日（**神戸港**、大阪湾一帯）。22日（桑名、**神戸**、**明石**、**姫路**、倉敷、徳島）。26日（浜松、津、四日市、京都、茨木、**尼崎**、**明石**、徳島、若松）。27日（桑名、**神戸港**）。28日（**明石**、佐世保）。29日（**神戸**、**明石**、**姫路**、岡山、下関、門司、延岡）。

7月

1日（八丈島、浜松、**神戸**、呉、宇部、下関、門司、八代、荒尾、延岡、熊本）。2日（和歌山県下津町、呉、宇部、下関、門司）。3日（八丈島、**淡路**、海南、**姫路**、高松、徳島、高知、下関、佐世保、大村、延岡）。4日（**姫路**、岡山、高松、徳島、高知、九州）。5日（八丈島、九州）。6日（東京、千葉、甲府、**明石**、**神戸**）。7日（清水、**明石**）。8日（東京、岡山県玉野）。9日（仙台、東京、福井、四日市、岐阜、大阪、堺、**神戸**、**西宮**、**伊丹**、和歌山、新宮、高知）。10日（仙台、新島、**神戸**、**尼崎**、熊本、八代）。11日（堺、貝塚）。12日（郡山、宇都宮、鹿沼、東京、鶴見、岐阜、若狭、敦賀、宇和島）。13日（東京、新島、一宮）。14日（青森、釜石）。14〜15日（室蘭、釧路、根室、函館、小樽、旭川、網走、十勝）。15日（北海道、東北地区、東海地区、山口県下松、九州、**尼崎**）。16日（湘南地区、平塚、沼津、浜松、桑名、長崎、熊本、大分、宮崎、鹿児島）。16〜17日（宮城、福島、大分）。17日（茨城県勝田・多賀町、沼津、荒尾）。18日（東北・関東地区、平塚、門司）。19日（東京、新島、茨城県豊里町、福井、**神戸**、**尼崎**）。20日（東京、銚子、岡崎、大津、**神戸**、**西宮**、**尼

崎)。21日(門司)。22日(**神戸**、**伊丹**、吹田、奈良、岡山)。24日(浜松、名古屋、大阪、**神戸**、**西宮**、**宝塚**、**明石**、**加古川**、岡山県西大寺、新居浜)。25日(川崎、浜松、**神戸**、**阪神間**、大阪湾、大分県津久見)。26日(磐城、浜松、徳山、松山)。27日(郡山、新島、島根県玉湯町)。28日(青森、東京、大阪、**神戸**、**姫路**、**加古川**、**高砂**、**相生**、**赤穂**、**淡路**、和歌山県有田)。29日(東京、浜松、大垣、宇治山田、呉、宇和島、枕崎)。30日(東京、新島、敦賀、舞鶴、**神戸**、**姫路**、**加古川**、**伊丹**)。31日(北海道、九州)。

8月

1日(長岡、富山、清水、浜松、**神戸**、**阪神間**)。1~2日(富山、水戸、**阪神間**、**神戸**、**姫路**)。3日(銚子、東京)。5日(前橋、高崎、東京、**芦屋**、**西宮**、**神戸**、**尼崎**、**姫路**、滋賀県守山町、佐賀、鹿児島県垂水)。6日(関東地方、広島、鹿児島、都城)。7日(大島、豊川、**神戸**、熊本県宇土町)。8日(東京、新島、宇和島、敦賀、**神戸**、八幡、戸畑、若松大牟田、長崎県厳原町)。9日(釜石、宮古、長崎、鹿児島県木野、川内、**尼崎**)。10日(盛岡、釜石、花巻、酒田、東京、**西宮**、**尼崎**、熊本、宮崎)。11日(**神戸**、**芦屋**、久留米、厳原)。12日(郡山、松山、久留米、佐賀、鹿児島県指宿、患野木、川内、阿久根)。13日(東京、長野、松本、上田、須坂、丸子、豊科、大月、千葉県成東町、**神戸**)。14日(秋田、小田原、大阪、**神戸**、山口県光の海、佐伯、熊本)。15日(伊勢崎、東京、小田原、**神戸**)。

(空襲・戦災を記録する会・全国連絡会議ニュースから)

あとがき

「あの空襲に遭遇したものとして尊い犠牲者の上に思いをはせる時、燃えさかる炎の色と、ごうごうという風のうなりが、時の流れをこえて眼前によみがえって参ります。あの恐ろしい大空襲のあとには、手向ける花もなく、草の緑さえ見ることはできませんでした。荒ばくとした戦場の跡と変わることなき一望の焼野原でした。

私どもは生涯あの時のことを忘れることはできません。一度しかない人生を無残に踏みにじられた人、この無念の思いと苦しみを憶《おも》うとき、形容もできない怒りと悲しみが胸をこみ上げて参ります。

私たちが今なさねばならぬことは、亡くなられた人々のことを――あの日の地獄絵図を、その方々にかわって語り残すことだと思います。一冊の本の中に亡き人々がよみがえる日こそ、私たちが生き残ったことの意義があるのだと、考えずにはおられません」

三月十七日、神戸市兵庫区の薬仙寺で行なわれた空襲犠牲者慰霊祭に、大阪大空襲の体験を語る会の金野紀世子さんから寄せられたメッセージだ。空襲を記録し、語り伝えることの意味が、この文章の中にいいつくされている。

昨年九月、被災者が中心となって神戸空襲を記録する会を発足させたのも「このまま放っておけば、あの戦争体験が消えてしまう」という危機感からだった。空襲写真資料展（昨年11月18―20日）若者との対話集会「市民と戦争」（同11月21日）空襲犠牲者慰霊祭（今年3月17日）体験手記の募集と会報の発行――など、一連の活動の中にも「体験を語り伝えたい」という祈りにも似た気持ちがこめられていた。若者との対話集会では、若い世代から「二十数年前の思い出話よりも、ベトナム戦争の方がもっと身近に感じる」との発言もあった。だが、思い出話と片づける前に、記録することの意味を、もう一度みんなで考えてみたいと思う。

この「神戸大空襲」は昨年八月、神戸新聞に連載された「神戸・明石大空襲」「阪神大空襲」の記事に手記などを加えて編集しなおしたものです。取材に当たられた神戸新聞の有井基、猪野美子、橋田光雄、前川昌夫記者、取材に心よく応じて下さった多くの人たち、手記を寄せて下さった方々に深く感謝しながら筆を置きます。

昭和四十七年六月

神戸空襲を記録する会

浜淵　節夫

光森　史孝

復刻版あとがきに代えて
「記録するということ」

神戸空襲を記録する会代表　岡村　隆弘

今年は、戦後七十五年であると同時に、阪神・淡路大震災から二十五年の節目の年である。震災を体験した世代が減少し、震災体験の風化が心配される。震災の記録をどう残し、伝えていくのかについて、私たちは大きな課題に直面している。この『神戸大空襲』が出版された一九七二年は、戦後二十七年目にあたる。前年の一九七一年九月に神戸空襲を記録する会は発足している。ちょうど震災後から二十五年目を迎える私たちと似た状況にあったのではないだろうか。二十五年は一世代にあたる。戦争を知らない子供たちが時代を動かし始め、ベトナム戦争が泥沼化し、戦争が身近にあった頃である。次世代に語り継がなければならない。そのためにも必ず記録を残さなければならない、先人達の緊張感を感じる。では、戦後七十五年を迎えた今、空襲の記録を次世代にどのように語り継ぐのか。

伯母は一九四五年六月五日の空襲で、生田神社近くの防空壕で亡くなった（本書の一〇六ページには中山岩太氏撮影の焼けくずれた生田神社付近の写真が掲載されている）。伯母の死については、祖母から幾度となく聞かされてきた。近年、叔父からの聞き取りで空襲時の記憶だけではなく、伯母が宝塚歌劇が好きで、月刊宝塚を毎号楽しみにしていたこと。見合い話が一つ来ていたこと。焼け出された後、伯母の疎開荷物の着物を米に代えたこと。また、家の路地を抜けた生田新道沿いに聖マリア女学校があり、姉弟は毎日マリア像を見上げながら、学校へ通ったこと。カフェパウリスタに姉と一緒に行ったこと。また、近隣にはどのような家族がどのような暮らしをしていたか。そして何より、弟である叔父にとって本当に優しい姉であったことを聞くことができた。祖母は「伯母の葬式を会社の取り計らいですることができた」と語っていたが、叔父は「遺体は一度発見されたが、家族が到着する前に失われていた」と話した。今、墓にはその時伯母が持っていた布製の手提げだけが埋葬されている。家族は最後の別れさえかなわなかった。

一枚の写真をご覧いただきたい、写真中央、高架線の上を省線電車が走行している。電化されていることから、この写真は昭和九年以降のものと思われる。南

昭和初期の神戸市街（絵葉書資料館蔵）

北の通りはトアロード、通りの北端山際の建物はトアホテル、高架線の北側右端の森が生田神社の生田の森、その右側白いコンクリート建築が聖マリア女学校である。右手前東側にはカフェパウリスタ、そして、多くの民家。この写真には空襲を受ける前の、平和な日常が写されている。

映画化もされた井上光晴の小説『明日・一九四五年八月八日・長崎』は八月七日から八日の原爆投下までの平凡な人々の暮らしが描かれている。また、阪神・淡路大震災前日を描いた長谷川集平氏の絵本『あしたは月よう日』も震災前日の平凡な家族の日常を描いたものだ。

空襲や震災についての記録を残す意味とは、このような平凡で平和な人々の暮らしが、空襲や震災によって喪った事実を次世代に語り継ぐことであろう。

本書を手にしていただいた方には、ぜひ、その前日まで人々には平凡ながらも生の営みがあった事を想像してほしい。

二〇二〇年七月

2010年から神戸市の協力を得て、神戸空襲死没者名簿を集め、「神戸空襲を忘れない　いのちと平和の碑」を大倉山公園に建立。2020年6月7日第4回刻銘追加式を行い、2191名のお名前を刻銘した。

碑　文

アジア・太平洋戦争の末期、太平洋の島に基地を設置したアメリカ軍は、B29爆撃機による航空部隊を編成し、1945（昭和20）年2月4日、3月17日、5月11日、6月5日、8月6日など、神戸の市街地や工場に対し、空から大規模な爆撃をくり返しました。

その多くは、街を焼き尽くすために、焼夷弾を用いたものでした。また神戸港の沖への機雷や模擬原爆の投下もおこないました。

このように、神戸市民のいのちとくらしが無差別に破壊されたのです。たび重なる空襲によって、神戸の街は一面焼け野原になり、8000人をこえる市民が亡くなられたといわれています。また、神戸は多くの人びとが行き来し、さまざまな出身地の人びとが住む街であり、戦争の末期には徴用された労働者やアメリカなどの連合国軍の捕虜もいました。

「神戸空襲を記録する会」は、神戸空襲の事実を心に刻み、次世代の人びとに伝える取り組みを進めてきました。ここに私たちは、世界平和を願い、空襲死没者の名簿を収集し、お名前を記した碑を建立いたしました。

2013年8月15日

神戸空襲を記録する会

神戸空襲を記録する会
連絡先：〒657-0064　神戸市灘区山田町3-1-1
（公財）神戸学生青年センター内
電話 078-851-2760

復刻にあたって

・本文は原則として初版のまま掲載した。文中の区町名・機関名などその後の改変により現在の名称と異なる場合もあるが、同じく原文のままとした。

・掲載写真については所在が不明のものもあり、可能な限り再掲載した。その際に、兵庫県立美術館、中山岩太の会、神戸新聞社の協力を得たことを明記してお礼を申し上げます。

（編集部）

神戸《こうべ》大《だい》空襲《くうしゅう》〔復刻版《ふっこくばん》〕

一九七二年六月一〇日　初版発行
二〇二〇年八月一五日　復刻版発行

編　者　神戸《こうべ》空襲《くうしゅう》を記録《きろく》する会《かい》
発行者　吉村一男
発行所　神戸新聞総合出版センター
神戸市中央区東川崎町1-5-7
TEL　078-362-7140
FAX　078-361-7552
https://www.kobe-yomitai.jp/
印刷　神戸新聞総合印刷

ISBN978-4-343-01087-2　C0095